中国名村志文化工程
Culture Project of Local Records of China's Famous Villages

梁堡村志

LOCAL RECORDS OF LIANGBU

宁夏回族自治区隆德县奠安乡梁堡村志编纂委员会 编

方志出版社
Publishing House of Local Records

图书在版编目（CIP）数据

梁堡村志 / 宁夏回族自治区隆德县奠安乡梁堡村志编纂委员会编. -- 北京：方志出版社，2017.12

（中国名村志丛书）

ISBN 978-7-5144-2789-9

Ⅰ.①梁… Ⅱ.①宁… Ⅲ.①村史—隆德县 Ⅳ.① K294.35

中国版本图书馆 CIP 数据核字（2017）第 305170 号

·中国名村志丛书·

梁堡村志

编　　者：宁夏回族自治区隆德县奠安乡梁堡村志编纂委员会

责任编辑：程　倩

出 版 人：冀祥德

出 版 者：方志出版社

地址　北京市朝阳区潘家园东里 9 号（国家方志馆 4 层）

邮编　100021

网址　http://www.fzph.org

发　　行：方志出版社图书经销中心

电话　（010）67110500

经　　销：各地新华书店

排　　版：北京纺印图文设计制作有限公司

印　　刷：北京中科印刷有限公司

开　　本：787 × 1092　1/16

印　　张：13.75

字　　数：252 千字

版　　次：2017 年 12 月第 1 版　2017 年 12 月第 1 次印刷

ISBN 978-7-5144-2789-9　**定价**：112.00 元

◉ 序一

连绵不断地编修地方志是中国独有的优秀文化传统，承担着赓续文明、传承文化的重任。保存至今的8000余种、10万余卷历代方志，蕴含着传统文化基因和海量文化信息，既是中华优秀传统文化的重要组成部分，又是传承、彰显中华优秀传统文化的重要载体。

在各种类型的地方志编纂中，村志编纂古已有之，但从未进入国家层面的地方志编纂序列。新中国成立以来，党中央、国务院高度重视包括村志编纂在内的地方志工作，出台了重要文件。中央领导发表了重要讲话、作出了重要批示。习近平总书记高度重视包括村志编纂在内的地方志工作。2004年10月，他在担任浙江省委书记时到江山市凤林镇白沙村考察，看到村民编纂的《白沙村志》，鼓励村民把村志继续编纂下去。2014年4月，刘延东副总理在与第五次全国地方志工作会议部分会议代表座谈时指出："要结合发展的新形势，加强对地方志包括部门志、行业志、专题志、乡镇村志编纂的业务指导和服务。"2015年8月，国务院办公厅印发的《全国地方志事业发展规划纲要（2015—2020年）》，正式将中国名村志文化工程列为主要任务之一。2017年5月，中共中央办公厅、国务院办公厅印发的《国家"十三五"时期文化发展改革规划纲要》指出："完成省、市、县三级地方志书出版工作。开展旧志整理和部分有条件的镇志、村志编纂。"可以说，村志编纂迎来了历史上的最好时期。

农业、农村、农民"三农"问题，是数千年来影响中国社会发展最核心的问题。中共中央高度重视"三农"工作，从2004年起，连续13年，每年的中央1号文件都聚焦"三农"。中共十九大报告更是提出"农业农村农民问题是关系国计民生的根本性问题，必须始终把解决好'三农'问题作为全党工作重中之重"，特别是提出了"乡村振兴战略"，这是中国共产党在中国特色社会主义进入新时代后，对农村发展问题所做出的准确把握和与时俱进的战略应对，是建设中国特色社会主义强国战略的重要组成部分。改革开放近40年来，在党中央、国务院高度重视社会主义新农村建设的新形势下，各地涌现出一大批历史文化名村、经济强村、新农村建设示范（试点）村、美丽乡村和特色村，成为先进生产力和先进文化的代表。客观记录中国农村全面建成小康社会的进程，向后人展示在中国共产党领导下农村千年未有的巨变，是地方志工作者肩负的光荣而重大的历史使命。编纂中国名村志丛书，是记载当代中国农村发展变革的重要途径。

文化寻根，寻的是其发展的源头和根基。村落是中国传统文化的根基所在。农村的生产生活方式、社会规范、宗族文化、宗教文化、民风习俗、传统节日、民间艺术等，无不镌刻着中国人独特的民族性格，这就是家国情怀、文脉绵延、精神归属。在快速城镇化进程的冲击和开发性破坏下，大量传统村落面临消亡的危机，村落蕴含的历史文化信息也流失殆尽，抢救性保护刻不容缓。编纂中国名村志丛书，是保存村落历史文化信息，抢救、保护村落文化最好的方式。

一方水土养一方人。家乡的山水草木、村间小巷、乡俗民情会在每个人心头留下深刻的烙印，这就是故土情结。而村落的形成与发展离不开人的活动。编纂中国名村志丛书，通过记述村落建筑、名门望族来追溯村落的历史；通过记述村落规模、布局、人口、物产等反映人口来源、宗族兴衰、生活习惯、文化背景、宗教信仰、经济发展等，体现环境与人相互影响、相互作用、相互发展的既矛盾又统一的关系；通过记述戏剧、音乐、舞蹈、美术、文学、手工技艺等文化形式，展示百姓在长期的生产生活实践中摸索和总结出的智慧结晶，强化人们沟通感情的纽带。编纂中国名村志丛书，是传承乡俗、诉说乡音、记住乡愁、纾解乡思，激活历史传统、唤起共同文化记忆、塑造共同心灵认同的重要文化工程。

中国名村志文化工程以践行文化自信、传承中华文脉、彰显时代发展为己任，以打造全国地方志系统的重要品牌为目标，在体裁运用、篇目设置、资料选择等方面进行大量的创新，突出“名”和“特”，拣选各个名村中最值得记述、最具有代表性的人、事、物，予以浓墨重彩的描画，从而形成系列的、高质量的、可读性强、雅俗共赏的地方志读本，让地方志紧接地气、贴近百姓，让地方志成果进入寻常百姓家，让人民群众共享地方志成果，让越来越多的人从地方志中感知传统、历史和记忆，成为传统村落和传统文化的守护者，成为中华优秀文化的传承者。

是为序。

中国社会科学院院长
中国地方志指导小组组长　王伟光
2017年11月

◉序二

习近平总书记指出：“让居民望得见山，看得见水，记得住乡愁。”这句富有诗意的重要论述不仅唤醒了中国人城镇化建设过程中对于人和自然关系、人和历史关系的思考，同时也引发了学界对“乡愁”进一步进行文化意义解读的兴趣。从本质上看，乡愁是一种源自主体体验的情感，隐含了一种人们带着乡愁追寻自我生存与生命意义、追寻诗意栖居的精神家园的美学思辨。同时，这种追寻自我生存的主体逐渐转向大众群体，乡愁也由传统单一的“文化乡愁”“爱国情怀”演变为对于“理想家园”的精神追求。

中国有近60万个村庄，约有5000个古村落，被住房城乡建设部和国家文物局界定的传统村落就有1561个。随着中国城镇化步伐的加快，乡村的版图日渐凋敝，大批农村青壮年劳动力走进城镇，融入了新的生活。然而，每逢传统佳节，那种挥之不去的离愁别绪挟裹着亿万农民工，又融入了返乡的滚滚洪流。这是乡愁的情愫牵动着他们，是故乡的山、故乡的水、故乡的老屋、故乡的小吃在牵动着他们，是故乡家家户户的楹联和口口相传的故事，以及只有在隆重的传统佳节才有的古老的民风习俗在牵动着他们。

文化可以体现一个民族、一个国家、一个社会的重量与体温，这是文化的力量之所在，而村落是传统中国的根脉所系，乡土社会是最能够体现中国传统文化特征的地方。梁漱溟曾指出：“中国文化是以乡村为本，以乡村为重，所以中国文化的根就是乡村。”我曾在《建设社会主义新农村的理论与实践》一书中指出，在新农村建设的过程中，必须“保护和发展有地方和民族特色的优秀传统文化，创新农村文化生活的载体和手段，满足农民群众多层次、多方面的精神文化需求”，而编纂村志尤其是实施中国名村志文化工程就是一个重要举措。实施中国名村志文化工程，编纂中国名村志丛书，以最基层的村落为研究对象，寻根传统村落的历史，梳理村落的发展脉络，以唤起人们的归属感和认同感，探索新型城镇化和社会主义新农村建设过程中，如何留住乡音、乡风、乡思，继承传统文化精华，挖掘丰富历史智慧，是贯彻落实中央城镇化工作会议精神和中共十九大提出的“乡村振兴战略”的重要举措，是当前和今后一个时期全国地方志工作者的重要工作。

虽然村落文化正在日益远离当下生活，但我们可以抓住诸如基本村情、文物胜迹、古村保护、特色文化、旅游名胜、村域经济、风土民情、村民生活、新农村建设、艺文杂记、名人与名村等关键内容，通过志书的手法来诠释乡村文化的精华。我们如实记录着村落里的人和事，以及青山绿水、小河大树、袅袅炊烟，力争以最完整、最原真的方式呈现村落的前世今生。我们要为“迷失”的人留住乡村文化的根脉，让人们难以割舍的乡愁得以慰藉和释放。

中国名村志文化工程将触角伸向那些极具代表性的村落，它们有的历史悠久、名人辈出，有的经济腾飞、重获新生，有的风景秀丽、景观独特，有的地处边陲、神秘莫测……我们挖掘中国不同类型村落的发展之路，为探索新型城镇化和社会主义新农村建设的发展经验、发展模式、前进道路提供历史智慧和现实借鉴。因此，打造以重在表现乡村嬗变为主旨的中国名村志丛书十分必要和迫切，这是一项功在当代、利在千秋的文化工程。

近年来，随着中国经济社会的发展和国际地位的提高，越来越多的人想要认识中国、了解中国、研究中国。在这样的形势下，乡村是不可或缺的一环，我们要集中讲好发生在乡村的故事，向世界呈现一个多元的、立体的中国。乡村历经岁月变迁的风雨，见证着改革开放的步伐，寄托着数代中国人的情感。发生在乡村的故事无疑是血肉丰满的、震撼人心的、引起共鸣的。我们应该有这个自信能够讲好乡村故事，讲好中国故事，描绘出中国的底色，“让每一个中国人都能在地方志中找到自己的位置”。

可喜的是，越来越多的有识之士认识到了这一点，加入到保护、传承、发展村落文化的队伍中来。仅就编纂中国名村志丛书来看，第一批的申报范围就涵盖包括香港特别行政区在内的32个地区，申报数量高达70余部。“直笔著信史，彰善引风气，为当代提供资政辅治之参考，为后世留下堪存堪鉴之记述”，这是我们的初心和使命。希望中国名村志文化工程的实施，能够带动更多的人关注中国乡村文化，为社会主义文化强国建设作出更大的贡献。也希望越来越多的名村都来融入继承中华文化传统、颂扬中华传统文化的活动中，让正能量更多地润泽温暖人们的心灵，让更多的人“记得住乡愁”！

是为序。

中国社会科学院副院长
中国地方志指导小组常务副组长

2017年11月

◉中国名村志文化工程专家委员会

◉中国名村志文化工程学术委员会

◉ 中国名村志丛书编纂委员会

◉ 中国名村志丛书编纂委员会办公室

◉ 宁夏回族自治区隆德县奠安乡梁堡村志编纂委员会

主　　任　潘建宁

副 主 任　张　佐　周建设

委　　员　梁喜太　柳国仁　董玉科　胡耀军

　　　　　马建红　王玉琼　梁牛娃

◉ 宁夏回族自治区隆德县奠安乡梁堡村志编纂人员

主　　编　梁喜太

副 主 编　马建红　王玉琼

总　　纂　杨七斤

编务人员　董双信　柳锐卿　杨　斌　杨海霞

　　　　　张瑞红　王喜凤　任福元　杨榜子

　　　　　罗爱娟　张兰香　王滨滨　朱丽霞

梁家岔冬趣（2014 年）　　柳锐卿　摄

◉ 中国名村志丛书凡例

一、以马克思列宁主义、毛泽东思想、邓小平理论、“三个代表”重要思想、科学发展观、习近平新时代中国特色社会主义思想为指导，坚持辩证唯物主义和历史唯物主义的立场、观点和方法，存真求实，全面、客观、系统记述我国村落发展变化进程和改革开放成果，传承和抢救乡土历史文化，激发爱国爱乡情怀，为探索中国特色新型城镇化建设、社会主义新农村建设的发展经验、发展模式、前进道路提供历史智慧和现实借鉴。

二、为全面反映入志事物发展脉络，各志上限尽量追溯至事物发端；下限一般断至各村志启动编修年份，个别重大事项可延至搁笔。

三、记述地域范围以下限年份的行政辖区为主。为体现名村在更大区域内的意义，可以从更开阔的区域视野记述与该村相关的内容。

四、统一采用纲目体，设类目、分目、条目三个层次。横排门类，纵述史实。除《中国名村志丛书基本篇目》要求的必设类目外，其余类目根据各村实际，依照突出时代特色、地方特色的原则自行安排。

五、综合运用述、记、志、传、图、表、录等各种体裁，以志体为主。

六、除引用文字和附录文献资料外，统一使用规范汉字及现代语体文记述体。记事坚持秉笔直书、述而不作，只记事实，不作评论，寓观点于材料之中。行文力求朴实、严谨、简洁、流畅、优美，具有较强可读性。

七、人物部类遵循“生不立传”原则，人物传主按生年排序，只选录对本村发展有重大影响的人物，不面面俱到。

八、所需数据一般采用政府统计部门数据，无政府统计部门数据时选用主管部门正式提供的数据。

九、数字用法、标点符号、计量单位分别执行国家标准《出版物上数字用法》（GB/T 15835—2011）、《标点符号用法》（GB/T 15834—2011）、《国际单位制及其应用》（GB 3100—1993）和《有关量、单位、符号的一般原则》（GB 3101—1993）。历史上使用的计量单位，如斗、石、里、尺、磅、华氏度等，在引文时可照录。考虑到社会使用习惯，全书中亩不统一换算，1 公顷＝ 15 亩。

十、自中华民国成立后的纪年，均使用公元纪年。志中所称“解放前（后）”，以当地解放日为界；“新中国成立前（后）”，以中华人民共和国成立日 1949 年 10 月 1 日为界；“改革开放前（后）”，以中共十一届三中全会召开的 1978 年 12 月为界。本志“×× 年代”，凡未加世纪者，均指 20 世纪的年代。

十一、为节省篇幅，避免重复，本志采用条目互见法。参见条目的表示形式为：参见本志“×× 类目 · ×× 分目 · ×× 条目”。

十二、对旧志、古籍中的繁体字、冷僻字一般用简化字或通用字替换，易引起误解的则保留。

十三、记述各个历史时期的党派、机构、职务、地名等，均以当时的名称为准。对频繁使用的名称，首次用全称，其后用简称。

十四、各村志需要单独说明的事项，均在各自编纂始末中记述。

梁堡村在中国的位置

黑龙江省
哈尔滨
吉林省
长春
辽宁省
沈阳
内蒙古自治区
呼和浩特
乌鲁木齐
新疆维吾尔自治区
北京
北京市
天津市
天津
河北省
石家庄
山西省
太原
渤海
黄海
济南
山东省
黄河
甘肃省
银川
宁夏回族自治区
西宁
兰州
青海省
隆德
梁堡村
陕西省
西安
郑州
河南省
江苏省
安徽省
合肥
南京
上海
上海市
西藏自治区
拉萨
四川省
成都
重庆市
重庆
湖北省
武汉
长江
杭州
浙江省
东海
南昌
江西省
长沙
湖南省
贵阳
贵州省
福建省
福州
钓鱼岛
赤尾屿
台北
台湾省
台湾岛
昆明
云南省
广西壮族自治区
南宁
广东省
广州
香港
澳门
东沙群岛
海口
海南省
海南岛
西沙群岛
永兴岛
中沙群岛
黄岩岛
南海
南沙群岛
曾母暗沙
图例
北京 首都
天津 省级行政中心
未定 国界
省、自治区、直辖市界
特别行政区界
名村所在县级区域
名村
1∶32 000 000
审图号：GS（2017）3697号

梁堡村在宁夏回族自治区的位置

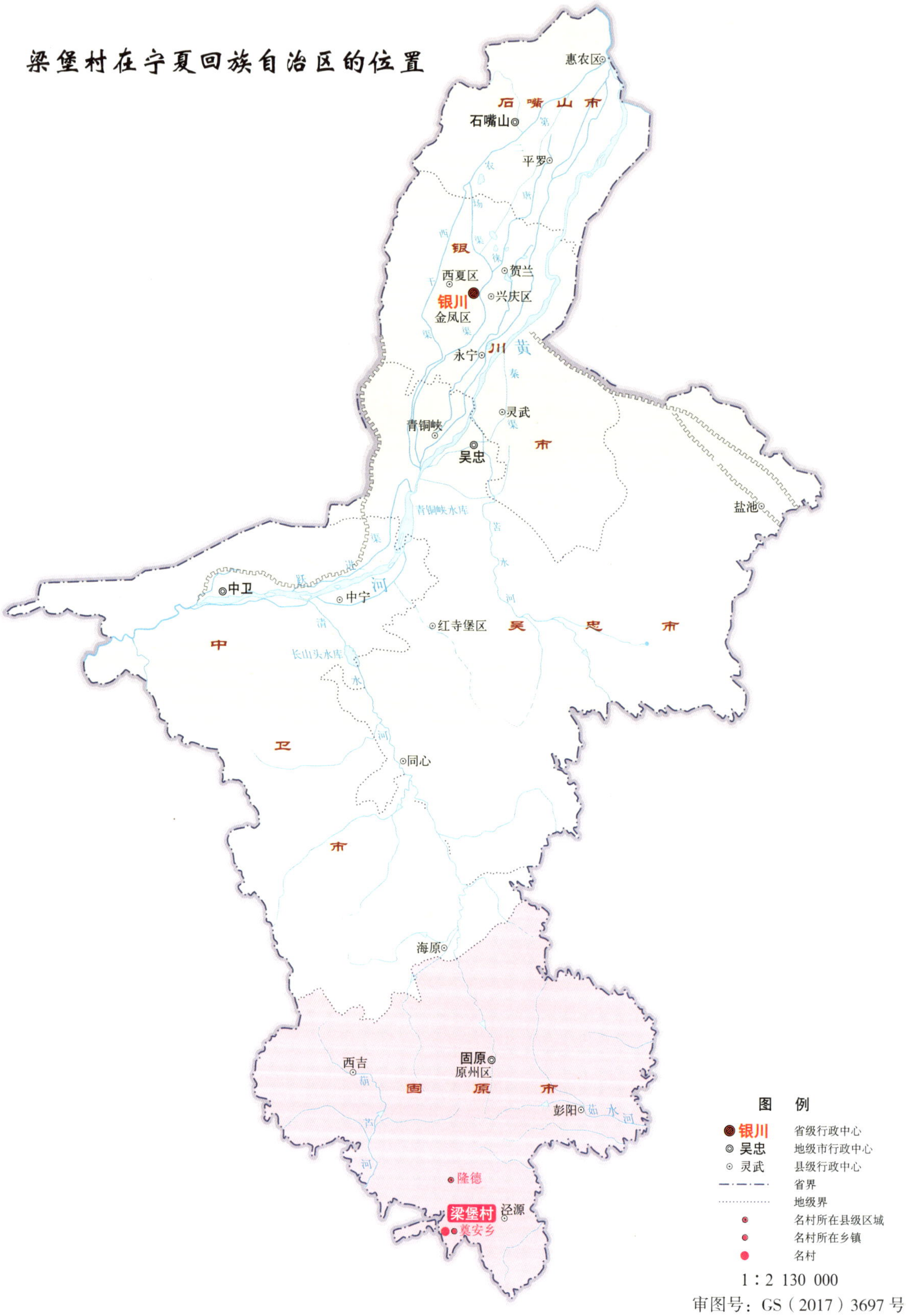

1：2 130 000

审图号：GS（2017）3697 号

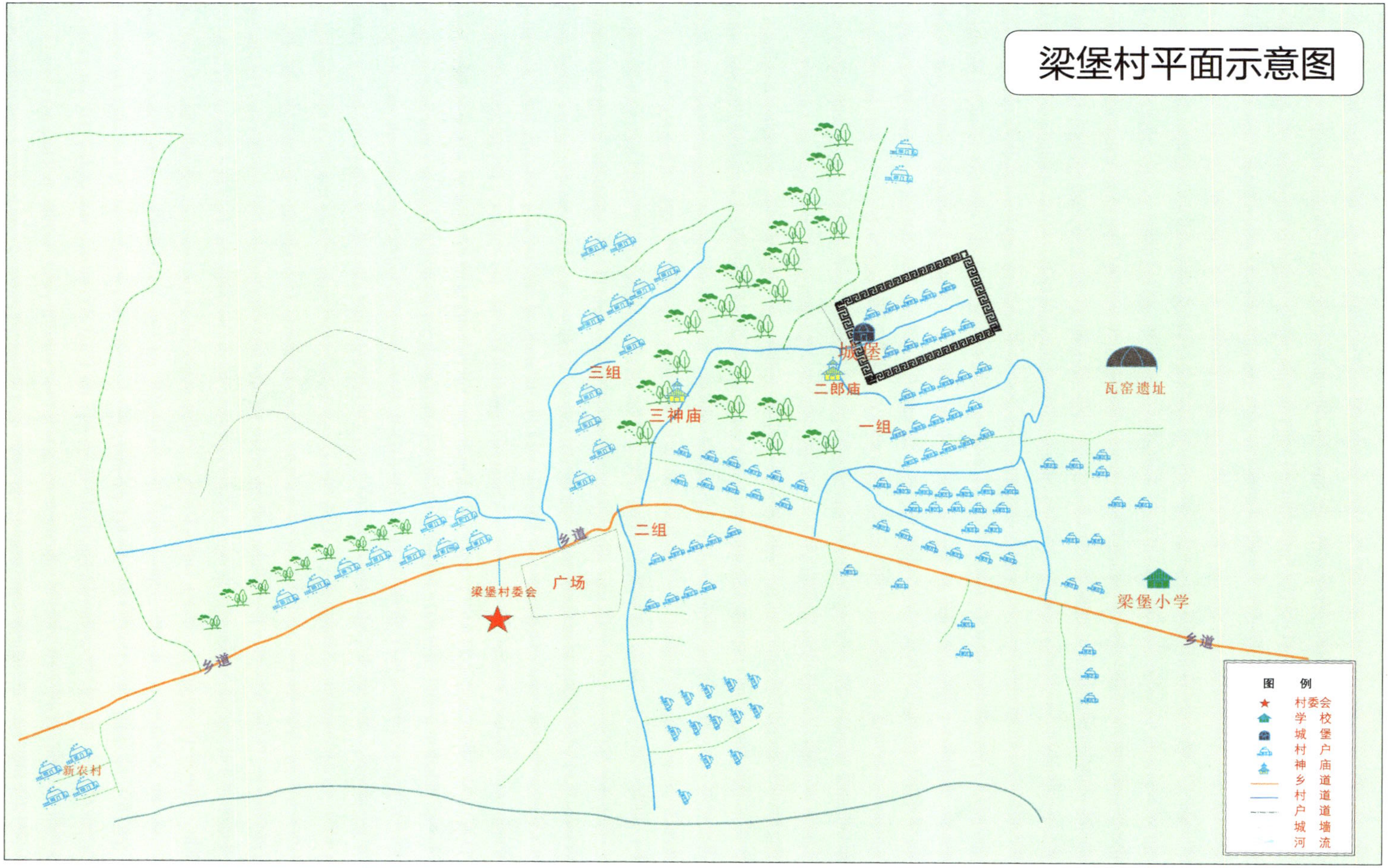
梁堡村平面示意图
城堡
瓦窑遗址
二郎庙
一组
三组
三神庙
二组
乡道
广场
梁堡村委会
梁堡小学
乡道
乡道
新农村
图例
村委会
学校
城堡
村户
神庙
乡道
村道
户道
城墙
河流

北山秋景（2016 年）

夏日古堡（2015 年）

后大山地膜玉米种植（2013 年）

村庄雪韵（2014 年）　　柳锐卿　摄

自东向西梁堡村景（2016 年）

独舞花间（2011 年）　柳锐卿　摄

夏之牡丹（2009 年）

拿云攫石（古核桃树）　柳锐卿　摄

梁堡村出土的宋代双耳罐（2016年）

梁堡村出土的元代将军罐（2016年）

梁堡村出土的西夏双耳罐（2016年）

梁堡村出土的古钱币（2016年）

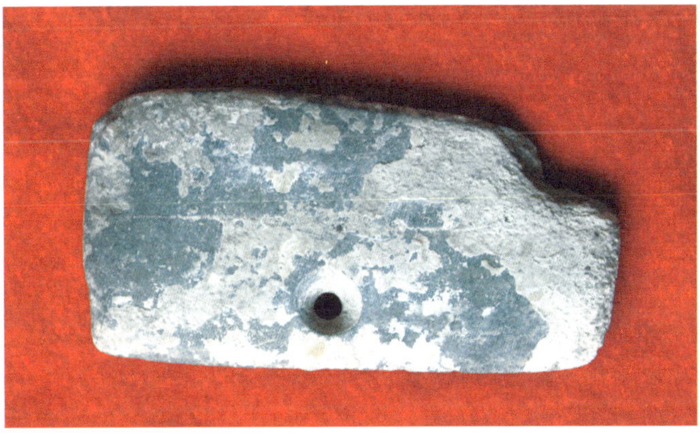

夹耳子路新石器遗址出土的单孔石铲（2016年）

梁堡村出土的清代瓷碗（2016年）

◉目录

古堡村落，魅力梁堡

梁堡村是宁夏回族自治区固原市隆德县奠安乡下辖的一个行政村，有3个村民小组，位于奠安乡人民政府驻地西部3千米处。

梁堡村，宁夏回族自治区固原市隆德县奠安乡西部的一个传统村落。这里有新石器时期的齐家文化遗址，有保存完整的宋代古老城堡及明代古民居，有缠绕山梁的层层梯田，有一百多年的刘氏家传接骨术，有树龄500年的古老核桃树，有丰富厚重的传统文化。这里民风淳朴，崇文尚教，习武尚勇。这里生活着诚实守信、勤劳善良、耕读传家的一代代村民。

梁堡村历史源远流长，与华夏文明相始相伴。早在新石器时期，就有人类在这里繁衍生息。凸儿坪、崖上、夹耳子、马槽槽等新石器遗址出土的大量文物，足以证明它的历史源远流长。先秦时期这里为荒服，居西戎。战国时隶属秦，秦时属北地郡，汉时属安定郡，南北朝时属秦州，隋时属平凉郡，唐时属原州监牧地，宋时属德顺军，元时属德顺州。明朝属陕西布政使司平凉府静宁州隆德县，清朝属陕西省平凉府隆德县，民国时属甘肃省第二行政督察区隆德县，1949年属甘肃平凉地区隆德县，1958年10月至2016年，属宁夏回族自治区固原市隆德县。

明朝以前，有路姓人家住在这里，开荒种地。由于这里土地肥沃、水源丰富，又迁来毛姓人家，他们依山挖窑洞而居，于是一个小小的村落形成。光阴荏苒，时代变迁，梁堡村经历无数风雨沧桑。到明朝初年，从一个不起眼的小村庄，变成一个有董姓、柴姓、刘姓、梁姓、柳姓等众多人家的大村落。

这里曾经是唐制胜关西出陇右的孔道，是古丝绸之路东端中道上的一个驿站。随着丝绸之路的繁荣发展，优越的地理位置使梁堡村在历史的发展长河中，成为兵家必争之地和商贾云集的“旱码头”，历代均为货栈通衢，商贾云集、官吏驻跸之地。到了明代以后，梁堡演变成一个很大的贸易市场，商贸十分发达，曾经有世德堂、万义昌、福兴奎三家老字号药铺、商铺。来自陕西、甘肃等地的商贾、工匠、文人墨客不断汇集，使梁堡集市繁华、街道游人云集。清朝以后，随着战乱兵匪毁坏及官道位置改变，天水通往平凉、固原的道路避开梁堡，从唐山梁途经山河、隆德翻越六盘山，使得梁堡的街道渐趋衰落，道路由村南沿河改道北面。昔日繁华的梁堡街道现在变为一片粮田。

梁堡村距县城 20 千米，海拔介于 1800~2055 米之间，属黄土丘陵沟壑山地；属中温带季风区半湿润向半干旱过渡性气候。南有寺屲（凤山），北有北山（龟山），中间邸店河穿流而过，形成河谷川道区。20 世纪 50—60 年代至 21 世纪初，为改变贫穷落后面貌，梁堡人民开展筑坝、修梯田运动。从梁堡北山到南山沟壑台地，用背扛肩挑，用手推车、架子车推土，在梁堡后沟筑成了水坝，使山谷地带变成层层梯田。梁堡村梯田化建设的历程，对梁堡人民来说是一部气壮山河、惊天动地的创业史，是一场艰苦创业、再造山河的接力赛。可以说，20 世纪 60—70 年代梁堡村的青壮年都直接参与过筑坝修梯田的劳动，在层层梯田里洒下了他们辛勤的汗水。就是这个群体，用集体的智慧，在近 50 年漫长的征途上，谱写了一曲曲感人肺腑的奋斗之歌。

梁堡村保存有完整的宋代古城堡，和隆德县其他用“堡”来命名的村落一样，它的历史与宋代隆德县的笼竿城同时代，起到戍边作用。古城堡坐落在半山腰，城门朝西。城堡东西长 170 米，南北宽 70 米。由于便利的交通条件，在晚清至民国时期，匪患遍起，当地民众躲避匪患时常掩隐于古堡之中。古堡依山而建，地势险要，易守难攻，经历千年而保存完好。20 世纪 80 年代，曾有美国旅游考察团前来观光考察，对古城堡叹为观止。

古城堡内绿树成阴，静谧而洁净，民居比一般农村的建筑显得古老许多，青瓦木窗见证着这里的沧桑。而世事变迁，古城堡也经历着属于自己的变化。经过搬迁，堡子里的居民由原先的 60 多户减少至现在的 17 户。这里的农民勤劳善良，祖祖辈辈靠双手创造着属于自己的新生活。

堡子里最吸引人的，是一处至今仍保存完整的明代古宅世德堂。古宅占地一亩多，世德堂坐北朝南，由门庭、左右厢廊、正殿组成。屋面盖有小青瓦，清水脊，门额上镶有“世德堂”匾额，匾额落款写有“岁在乙卯浦月上浣之吉”“表弟薛梦麟赠”的字样。古宅内仍摆放着祖传下来的明代太师椅、笔盒、古砚、锦盒、官帽架等文物。其中，三枚雕刻精美的印章、明代的水烟壶都显示出宅子主人曾经不一般的地位。世德堂的主人刘昌友、刘昌珀弟兄二人，传承祖辈接骨医术一百多年，声名远扬。

宁夏籍导演刘苗苗 1992 年曾在这里拍摄电影《杂嘴子》。影片《杂嘴子》全程背景以梁堡村及梁堡古城堡为主，并在城门额写上“吉祥”两字，群众演员大多数为梁堡村村民。《杂嘴子》作为刘苗苗创作历程新高度的标志，通过西北农村一个家庭的变故，融进了亲情、爱情、死亡、失落及儿童的独有心事，1993 年夺得了第 50 届意大利威尼斯电影节“国会议长”金奖。

经过数千年的历史演变，梁堡村保留了弥足珍贵的历史文化，积淀了深厚的历史文化底蕴。梁堡村蕴藏着丰富的历史信息和文化景观，是中国农耕文明保留的较完整的文化遗产之一。这里受中原农耕文明、北方游牧生活方式、陇右传统民间习俗、伊斯兰回族文化的相互渗透相互影响，民间艺人层出不穷，有木匠、毡匠、石匠、铁匠等。传统习俗特色鲜明，民风淳朴，饮食小吃地方特点突出。

梁堡村保留和传承了中华民族优秀的传统文化，教育文化事业繁荣。“耕读传家远，诗书继世长”，梁堡人崇文重教，开办私塾，民国时国民政府设立保国民学校，新中国成立后设立梁堡小学。一代代读书人走出梁堡，为国家贡献自己的聪明才智。民间习俗和文化艺术发扬光大，有放社、马社火、皮影戏、地摊戏、秦腔、剪纸、刺绣、农民画等。

梁堡地灵人杰，习武成风，武生辈出。全村参加青年远征军、抗美援朝、中国人民解放军特种部队等军人达 34 人，先后涌现出一批保家卫国的忠勇之士。

2012 年 12 月，经中国传统村落保护和发展专家委员会评议认定，住房城乡建设部、文化部、财政部公布，梁堡村被列入第一批中国传统村落名录。

2014 年 11 月，梁堡村被国家发改委、旅游局等七部委列入全国乡村旅游富民工程。自 2015 年开始，由中央统筹、地方负责，整合资金支持重点乡村景区开发，扶持旅游业发展。该项工程的实施，将进一步推进民俗文化的传承和发展，提升梁堡村文化旅游业层次和水平，加快梁堡村群众脱贫致富步伐。

梁堡村情

梁堡村历史悠久，地杰人灵，传统文化底蕴深厚。梁堡，最初称“梁家桥”，后称“梁家堡子”，是宁夏回族自治区隆德县奠安乡的一个传统村落。村域面积 2.1 平方千米，村民 219 户，737 人，耕地面积 2137.3 亩，水浇地 580 亩。设梁堡村村民委员会，辖 3 个村民小组。设村党支部 1 个，团支部 1 个，村妇联 1 个，梁堡小学 1 所，标准卫生室 1 所，2016 年建村食堂老年饭桌 1 所，村群众文化广场 1 个，群众活动室 1 所，电商服务站 1 个，商店 5 家。梁堡村是乡镇级文明村，社会治安秩序良好，管理民主，民风淳厚，常有学者专家到梁堡参观研究当地的人文历史。

梁堡村志

梁堡，宁夏回族自治区隆德县奠安乡的一个传统村落，面积 2.1 平方千米，3 个村民小组。

◉ 建置沿革

梁堡村的历史与华夏文明相始相伴，据梁堡村凵儿坪、崖上、夹耳子路、马槽槽等古遗址出土的大量文物考证，大约在 4500 年前的齐家文化时期，这里就有先民聚居。

村名由来 梁堡，最初称“梁家桥”。据当地老人讲，大约明代后期，有了“梁家堡子”的名称。明代以前，有陈姓、路姓、毛姓人家在这里生

梁堡古城堡大门（2016 年）

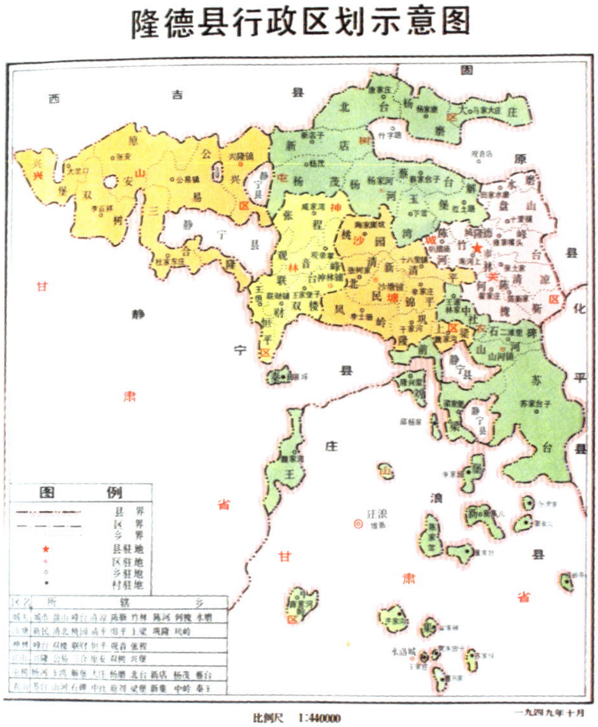

1949 年隆德县梁堡乡行政区划示意图

活，最初姓陈的人家住在古城堡，叫“陈家堡子”。明朝年间，有董姓人家、柴姓人家、刘姓人家、梁姓人家迁至这里，随着人口增多，形成一个小村落。慢慢地，陈姓人家、路姓人家、毛姓人家开始迁居他乡。由于梁姓人比刘姓、董姓、柴姓人多，且川道沟中有一座通往官道的桥，于是村民就给村子命名为“梁家桥”，后来官道改道北面，官桥被毁坏消失，又因村里有一个古城堡，所以改为“梁家堡子”，“梁堡”于是沿用至今。

辖区变迁　梁堡村现有土地面积 5300 亩，以山台地为主，耕地面积 2137.3 亩，人均 2.9 亩。

梁堡村最初有陈姓、路姓人家入住村里，开垦土地，以耕地为生。后毛姓人家入住本村，同样开垦田地，耕种谋生。后来又有董姓人、柴姓人、刘姓人、梁姓人、柳姓人、马姓人、党姓人相继入住本村。村域面积包括梁堡、梁家岔、场窑、水沟。1935 年隶属隆德县山河区，民国时期先后属山河镇、超农乡。

梁堡自 1949 年 10 月始置梁堡乡。1956 年 3 月撤区并乡，将宋塬、梁堡并为梁堡乡。1956 年 5 月 19 日撤区并乡，又将景林乡并入梁堡乡。

1958 年，隆德县建立 13 个人民公社，由奠安、梁堡两乡合并成立了奠安人民公社，驻地并入奠安乡邸店。梁堡村为梁堡生产大队，辖3个生产小队，梁家岔属奠安公社海子大队，场窑、水沟属奠安公社丁家大队。1961年奠安公社分为奠安、杨沟两个公社，梁家岔属杨沟公社。自此，梁堡生产大队一直属奠安公社管辖。1984年3月，恢复乡建置，奠安公社恢复为奠安乡；梁堡大队也更名为梁堡村，设梁堡村村民委员会，辖3个村民小组，村委会设于二组。

梁堡村一组位于梁堡村古堡周围及村东面，居民主体建筑坐落于二级台阶地，避风向阳，靠近水源，汲水方便。村落布局依山就势，远看半山腰屹立一座古堡。古堡依山而建，地势险要，易守难攻，经历千年而保存完好。站在北山上看，古堡居平川；站在平川看，古堡在山上；而站在堡子附近看，它居山中。居民三合院建筑古老，青瓦木窗，雕梁画栋，黄土巷道，这一切见证着梁堡村的古老、沧桑。堡里堡外均居住人家。古堡里住宅整齐排列，分布在南北两侧，中间留有通道，形成街道布局。国家近年来十分重视非物质文化遗产保护，城堡中民居院落统一用青砖青瓦建造，保留古朴的民居院落特色。梁堡小学设在一组东面。村中有戏曲表演、剪纸、刺绣、农民画等艺术人才多名。

梁堡村二组位于梁堡村公路两旁，居民主体建筑坐落于公路两边的川地，交通便利。随着新农村改革的步伐加快，村里家家户户都盖起了新砖瓦房，红砖砌的院墙十分

梁堡村新农村（2016年）

整齐，家家安装上了太阳能热水器，道路两旁装上了太阳能路灯。村委会设于二组，有老年活动室、老年饭桌、村医疗卫生保健所、党员活动室、图书室、网络电子商务服务中心等。村中有木工、石匠、赶马车把式等多位能工巧匠。

梁堡村三组位于梁堡村西北崖台，居民主体坐落于沟畔的二级台阶地及川西新农村。由于地势原因，沟畔二级台阶地的村民房屋院落依山而建，居住比较分散。近年来，随着国家新农村建设、危房改造、精准扶贫等一系列政策的实施，村民生活面貌有了很大的改变。家家盖起了新砖瓦房，装上了太阳能热水器。村中有竹编、草编、瓦匠、瓦工、砖工、钢筋工等民间能手多名。

村落历史 据旧志记载，先秦时期，梁堡村属荒服；战国时隶属秦；秦属北地郡；汉属安定郡；魏晋南北朝时期属秦州；隋时属平凉郡。唐宝应元年（762），西北边防空虚，吐蕃乘机占领河西、陇右，进入宁夏南部山区，梁堡村一度被吐蕃占领。宋属德顺军。

梁堡村初形成于明朝初年，属陕西布政使司平凉府静宁州隆德县。清朝初年隶属隆德县仁隆里，光绪年间隶属隆德县南区效义里，1935 年隶属隆德县山河区，民国时期先后属山河镇、超农乡。

1949—1956 年置梁堡乡，梁堡村属梁堡乡管辖。 1958 年人民公社化时，隆德县建

梁堡村落（2016 年）

立13个人民公社，由奠安、梁堡两乡合并成立了奠安人民公社，驻地并入奠安乡邸店。梁堡村为梁堡生产大队，辖3个生产小队，1984年改为梁堡村民委员会属奠安乡管辖，辖3个村民小组。自此，梁堡村一直属奠安乡管辖。

村落形态 宁夏回族自治区固原市隆德县奠安乡梁堡村，北临隆庄公路，西南与甘肃省庄浪县岳堡乡接壤，邸店河自东向西从庄前缓缓流过。当人们站在南山向北看，梁堡村背靠北山（龟山海拔2055米），古城堡建在龟脖子上，乌龟伸头向沟中好像要喝水的样子。山川沟壑明显，村中地势东高西低，东水西流。站在北山向南看，河谷川道紧靠南山寺岙山（凤山海拔1940米），南面的凤凰山头朝向古城堡，从东向西展开翅膀，好像要飞向城堡，拥抱村落。村落与自然和谐相处。这里避风向阳，是人类居住生活的理想之所。三个自然村分驻两山一沟一川，村落呈不规则形分布。

以古堡为中心，东面有马槽槽、梁家坪、二台、上川，南面有夹耳子路、官马泉、社地、大圈、马套子、集市滩、塔寺、刘家沟、官桥、街子，西南有毛家湾湾、柴家咀、梁家岔、王家湾，西面有升斗子、水沟、柴家河，西北有岙儿坪、大王圈、狼儿子咀、扇扇地、沟儿岙（洼）、喇嘛墩、崖上、咀儿场、沟呢、北面有花沟洼、毛家湾、董家湾、柳家院、柴家沟，中间有堡子、庙院、路家场、毛家窑。

梁堡村地名一览表

表1

地名	位置	地名来历及含义
马槽槽	位于一组古堡东面二级台地	据说因筑堡取土形成马槽形而得名
梁家坪	位于一组古堡东面二级台地上方	因梁姓人家居此开垦耕种而得名
二台	位于一组古堡南面二级台地	因地处村中第二级台地而得名
上川	位于古堡东面川地	因地处村东川地，村中地势东高西低而得名
夹耳子路	位于古堡东南地	因古时此处有一地块，东大西小形似耳朵，中间有条路穿过而得名
官马泉	位于古堡南面，曾有一眼泉水，今已填土种地	因此地曾有一眼泉水，官家在此泉饮军马而得名
社地	位于古堡南面川地	因此处曾举行放社活动而得名
集市滩	位于古堡南靠近河畔地	因此处曾是一大贸易集市而得名
塔寺	位于古堡南山处，因地震山体滑坡寺塔掩埋	因此山上曾建有庙院、寺塔而得名
刘家沟	位于古堡南山处	因刘姓人家在此南山沟里居住种地而得名
大泉	位于古堡南面，今已废弃	因此地曾有一眼大泉而得名
官桥	位于古堡南面沟壑处，今已废弃	因此地曾有一条官道，道上有一座过沟的官道桥而得名

续表 1

地名	位置	地名来历及含义
街（gái）子	位于古堡南面川地，以前有街道，今已废弃	因此地曾有一条繁华的街道而得名
毛家湾湾	位于古堡南山湾湾	因最早毛姓人家在此开荒耕种而得名
柴家咀	位于古堡西南山咀	因最早柴姓人家在此耕种田地而得名
梁家岔	位于古堡南山的沟岔处	因最早梁姓人家在此居住耕种而命名，今已移民，成为退耕还林地带
簸箕湾	位于梁家岔湾处	因以前梁姓人家在此居住，编簸箕拿到集市卖而得名，今已移民，成为退耕还林地带
王家湾	位于古堡南山湾湾	因以前有王姓人家在此居住耕种而得名，今已移民，成为退耕还林地
马套子	位于古堡南面川地	因古时这里是民间比武、军队驯马套马的场地而得名
水沟	位于古堡西面	因此地是一条水沟而得名，水沟今在，但已无水
升斗子	位于古堡西南面	相传康熙帝一次外出巡视，路过此地，见地里的谷子长势好说道：“这样的地，打下的粮食不用升量，可用斗装”，由此而得名
柴家河	位于古堡西南面	因以前有柴姓人家在此居住耕种而得名
凹儿坪	位于古堡西北面二级台地	因这里是北山凹上一片二级台地，较平整而得名
大王圈	位于古堡西北面	因此地与白马大王传说有关而得名
狼儿子咀	位于古堡西北面的山咀	因此处古时狼多，常有狼儿子在山咀上出没而得名
扇扇地	位于古堡西北面山腰	此地因山体滑坡形成扇形而得名
沟儿凹（洼）	位于古堡西北面沟洼处	因此地在沟畔的山洼上而得名
喇嘛墩	位于古堡西北面的山墩地	因过去为避冰雹、雷雨、虫害，每年农历“四月八”村民要请喇嘛在此举行闸山仪式而得名
崖上	位于古堡西北面	因此地在悬崖上面而得名
咀儿场	位于古堡西面的山咀处	因此地是北山咀上的一个平场地而得名
沟呢	位于古堡西北面的深沟处	因此处是北山上的一条深沟而得名，1975 年在此沟筑有一水坝
花沟洼	位于古堡北面的沟洼处	因此处是北山上的沟洼地带，开有多种野花而得名
毛家湾	位于古堡北面的北山湾湾	因最早有毛姓人家在此居住耕地而得名
董家湾	位于古堡北面的北山湾湾	因最早有董姓人家在此居住而得名
柳家院	位于古堡北面的北山上	因最早有柳姓人家在此居住而得名
柴家沟	位于古堡北面的北山沟	因以前柴姓人家在此居住耕种而得名
堡子	位于村中二级台地	因在村北山的二级台地建有一座宋代古堡而得名
庙院	位于古堡旁	因在古城堡旁建有一座二郎真君的庙院而得名
路家场	位于古堡塬下	因最早路姓人家在此居住而得名
毛家窑	位于古堡塬下	因最早毛姓人家在此居住而得名
梁堡村村委会	位于古堡西南的川地	2008 年在此修建村委会而得名
梁堡小学	位于古堡东村民一组	1988 年在此修建新校址而得名

◉ 区位　交通

梁堡村位于奠安乡河谷川道中部，东西南北交通便利。

地理区位　梁堡村位于北纬 35° 26′ 58.17″，东经 106° 5′ 35.52″，位于隆德县奠安乡人民政府驻地以西 3 千米，距隆德县城 20 千米。境内南、北山绵亘，沟壑纵横，海拔介于 1800~2055 米，东连景林村，南与杨沟乡梁家岔毗邻，西与丁家村相连，北与马湾村接壤，村委会驻地梁堡村二组。

交通路线　梁堡村自古是通往陇右的孔道，交通便利。最早的孔道在村落南边邸店河边，古丝绸之路东端之中道从这里经过，随着丝绸之路的繁荣发展，优越的地理位置使梁堡成为兵家必争之地和商贾云集的“旱码头”。历代均为货栈通衢，商贾云集、官吏驻跸之地，商贸活动曾经十分发达。

梁堡村现有东西走向的大（峡）岳（堡）二级公路（西起甘肃省庄浪县岳堡乡张家埂垓，东至隆泾公路交会处）穿村而过，于 2012 年前维修，路面为水泥路；2016—2017 年加宽路面，修成柏油马路。公路向东去泾源、平凉；向西去庄浪、天水。村东有南北走向的隆（德）杨（沟）乡级公路（北起唐山梁隆庄公路交会处，南至奠安乡杨沟）穿过，向北连接唐山梁隆庄公路，从隆庄公路向西去往庄浪、天水；向东去往隆德、固原、平凉；向南通至杨沟、通边，从通边向西去往庄浪、天水。

村中公路（2016 年）

梁堡村南山（2016 年）

2016 年依托梁堡古村落建设，与范家峡森林旅游景点相辉映，整合帮扶资金，新建道路（巷道）1.94 千米。

◉ 自然环境

梁堡村地处黄土丘陵沟壑山地，属河谷川道区。山系东西走向，北有北山（龟山），南有寺屲（凤山），村中沟壕较多，土壤属始成土、黑垆土、黑麻土等。气候属中温带大陆性半湿润向半干旱过渡区气候，由于退耕还林，自然植被良好。水资源丰富，野生动植物种类繁多。宜于多种植被和农作物生长，是隆德县奠安乡自然资源较好的村落，其中梁堡村的水资源尤为丰富、水质好，村中长寿高龄老人甚多。

地貌 梁堡村地处六盘山西南黄土丘陵沟壑山地，属河谷川道区。经邸店河侵蚀形成川谷平地，地势东高西低。中部为河谷二阶台地，南北为黄土丘陵沟壑山地。

梁堡村地貌以黄土覆盖的丘陵为主，沟、梁、峁交错，丘陵山地广布，塬台梁峁交织，川地少而山地多。山系六盘山系奠安乡大营山、峡山山脉的支脉。

村中山梁，北有北山（龟山），海拔 2055 米，东西走向，东接奠安大营梁，西连唐山梁。南有寺屲（凤山），海拔 1940 米，东西走向，东接崇安峡山，西达庄浪柳梁。河谷川道海拔 1800 米，高低海拔在 1800~2055 米，相对高差在 255 米左右。地形分为中间小川，南北丘陵山区，山地为 1308 亩，中间河谷川道地为 580 亩。

村中水沟较多，1975 年在北山沟中筑水坝一座，沟壕处处有流水，后因修梯田，填沟平壕，多处水沟消失，水从地下流走。

气候 梁堡村气候属中温带大陆性半湿润向半干旱过渡区气候。春季低温而少雨，风大，气候干燥，昼夜温差大，由于受西伯利亚冷空气影响，常出现倒春寒天气。谚语云：“春去秋来无盛夏，四月冰雪耀眼花。”夏季短暂而多雹，气候温凉，少酷暑，降雨少，干旱、冰雹等自然灾害频繁发生；秋季阴涝霜旱，气温下降迅速，早霜来得早，降雨主要集中在 7~9 月，易发生秋涝和连阴雨天气。冬季严寒绵长，气候干燥，常出现极端天气，谚语云：“六月暑天不离棉，全年多半是寒天。”常年平均气温 5.6℃，无霜期年平均 112 天，最长达 125 天，最短为 95 天，年平均降水量为 520 毫米。

植被 植被以牧草为主，见有少量灌木林、山野沟壕都被荒草覆盖。土地以种植业为主，主要农作物有冬小麦、豌豆、马铃薯、胡麻等。随着退耕还林，产业结构调整，山头梁峁草木丛生，台地坡地种植道地中药材、菊芋等，已成为当地支柱产业，草畜业也成为经济增长亮点。

明代以前，当地开发少，水土流失缓慢，自然植被保存完整。植被以牧草为主，见有少量灌木林，山野沟壕被荒草覆盖。随着人口逐渐增加，坡地开垦为农田，大家畜和羊繁殖群养破坏植被，水土流失严重。各条沟道塌陷变宽，一些缓坡地变成一道道大深壕，荒山变秃，土地瘠薄，村民广种薄收。自 20 世纪 70 年代开始，村民大造梯田，修

梁堡村绿色植被（2016 年）

流过梁堡村的庄浪河（2016 年）

建机耕地，初步改变了梁堡村土地贫瘠、粮食产量低、村民生活困难的局面，但植被破坏仍较严重。自 2000 年起，国家实行退耕还林（草）工程，截至 2016 年末，全村共种草 300 多亩，退耕还林面积计 657.6 亩，全村种植各类树木折合面积达 1460 亩，其中经果林 370 亩，占全村总面积的 47.2%，促进了梁堡村植被的恢复工程。

水文 梁堡村境内地表水，因天降雨排入南北山沟，转为地表水。河谷地沙砾层较厚而疏松，富水性强。黄土丘陵地多为线型上层滞水。

庄浪河，《水经注》中称受渠水，《大清一统志》与民国《重修隆德县志》中称邸店河。长约 18 千米，常年流量 0.25 立方米 / 秒，洪水流量 103 立方米 / 秒。出六盘山天爷顶脚下，西南流向，纳众山溪出范家峡，流经梁堡村全境 2158 米，宽 28 米，西行 6 千米出境。

梁堡村地下水源丰富，水质好，水层较浅，泉流遍地。水补给主要来源于地下水潜流河道渗漏、降水入渗、渠系入渗和侧向补给，黄土层下沙石层较厚，以蓄水渗出。村内有水井 10 口、水泉 8 眼，可供村民生活用水。

全村河谷水源较丰富，历史上除利用水轮磨外，基本未利用农田灌溉。1949 年以前，全村有水源自流可灌溉土地 50 余亩，分布在前川一带。新中国成立后，国家投入水利建设资金，群众投入大量劳力，采取筑坝蓄水引水灌溉、提水补灌等方法，兴修农田水利。

土壤

梁堡村土壤，南山草皮下以红斑土为主，北山以黄土为主，南山、河谷、沟呢有红斑土和沙石土层，属于始成土、黑垆土、黑麻土、红土等。

梁堡村土壤结构（2016 年）

始成土 母质以黄土为主，坡积混杂和冲积洪织物为辅，层次不清，可分为半干旱始成土和阴湿始成土两类。梁堡村北山山丘陵地带主要分布阴湿始成土，母质为坡积物。

黑垆土 母质以黄土和次生黄土为主，坡积洪杂物和洪积物次之。土层深厚，发育完全，质地均一，表层下有暗灰、棕色、褐色有机质层、石灰假菌丝及斑点状石灰沉积，可分为普通黑垆土、暗色黑垆土、浅色黑垆土、草甸黑垆土四类。梁堡村的缓坡地、中微坡地和河谷川地主要分布普通黑垆土，丘陵地、中坡地主要分布浅色黑垆土，河谷冲积川地和部分丘陵坡地主要分布暗色黑垆土。

黑麻土 母质为洪积、坡积、残积物，有中性阴湿黑麻土、石灰性阴湿黑麻土、次生阴黑土三类。梁堡村山间沟谷和近山河谷川地分布有次生阴黑土。

红土 表土由于生物积累作用强，呈红色，矿化作用强烈而形成的腐殖质，分子结构较简单，土层深厚，质地黏重，大部分为富铝酸型和简单形态的胡敏酸，主要分布于梁堡村河谷南山及沟呢一带。

野生动植物

梁堡村野生动植物种类繁多，主要花草植物药用价值极高。

野生植物 主要生长树种有柳树、松树、落叶松、白杨树、新疆杨、榆树、槐树、桃树、樱桃树、苹果树、杏树、梨树、核桃树、花红树、秋子树等。

主要生长花草有芦苇、鹅观草、狼尾草、狗尾草、野古草、酥油草、羊草、冰草、草木犀、葛、紫荆、黄花、萱草、玉竹、山丹、吊兰、玉簪、臭椿、马先蒿、牡丹、野芍药、打碗花、向日葵、菊芋、苦苣、臭蒿、大丽花、金盏花、倒挂金钟、绣球、迎春花、牵牛、山豆、荷苞花、沙棘、鸡冠花、仙人掌、令箭花、蟹爪兰等。

野生动物 有无脊椎动物除原生、线形动物外，软体动物有蜗牛、水蛭，环节动物有蚯蚓，节肢动物有蜈蚣、蚰蜒、蝎子、马陆、蜘蛛等。昆虫有蜻蜓、蝴蝶、螟蛾、麦蛾、蚊、蝇、牛虻、天牛、蜣螂、龙虱、臭虫、虱、跳蚤、蝗虫、蚂蚱、蟋蟀、螳螂、蚂蚁、蜜蜂、黄蜂、胡蜂、萤火虫、土鳖、蝼蛄等。

脊椎动物鱼类有草鱼、泥鳅。两栖类动物有青蛙、蟾蜍、鳖。爬行类动物有蛇、壁虎、蜥蜴。

野鸟类有环颈雉、石鸡、老鹰、金雕、鹌鹑、斑鸠、猫头鹰、蝙蝠、麻雀、黄雀、百灵、喜鹊、乌鸦、红嘴鸦、布谷鸟、燕行鸟、鹞子、戴胜、地雀、白鹡鸰、啄木鸟、鹭等。候鸟有燕子、大雁。野兽有野兔、豺、豹、狼、狐狸、獭、野猪、獾、黄鼬、鼹鼠、鼢鼠、松鼠、跳鼠、田鼠、刺猬等。

中药材 1984 年，经区、县两级医药部门药源普查小组普查鉴定，隆德县有药用植物 618 种，分属 105 科；药用动物 70 种，分属 43 科；矿物药 6 种；共计 694 种中药材。在国家经济贸易委员会下达全国统一调查的 360 种常用中药材中，县内产 119 种，占比 33%。其中梁堡村周边分布量较大的有柴胡、冬花、白藓皮、茵陈、蒲公英、牛蒡子、车前子、青蒿、葶苈子、艾叶、白芍、赤芍、升麻、淫羊藿、羌活、益母、地骨皮、白茅、甘草、苦参、白芥、苦马豆、小蒜、白芨、绶草、杜仲、元参、地黄、黄柏、紫草、黄连、白头翁、黄芩、薄荷、罂子粟、仙茅、山姜、冬青、猫儿刺、牛膝、千穗谷、龙胆草、秦艽、马兜铃、马莲、马鞭草、臭牡丹、沙参、半夏、羊蹄草、凤仙花、紫花地丁等。栽培的中药材主要有党参、黄芪、银柴胡、板蓝根、大黄、小茴香、紫苏、胡芦巴、芫荽、生地、白芷、花椒、秦皮等。

◉ 人口　姓氏

明朝前，梁堡村形成村落。最初村里只有陈姓、路姓人家居住耕种，人口稀少。后来毛姓人家入住本村，明朝初年，董姓人家从陕西岐山董家台子迁来此处；相继柴姓人家从山西大槐树迁移至此，刘姓人家从陕西泾阳迁来此处。明末清初，梁姓人家从陕西岐山佛儿沟迁移至此，人口逐渐增多。新中国成立后，生产力解放，经济建设不断发展，群众生活水平逐步提高，医疗卫生条件逐步改善，梁堡村人口死亡率降低，寿命延长，文化水平有了较大提高。

人口变化 1950—1958 年出现第一次人口出生高峰。三年困难时期，出现人口增长低谷。1963—1973 年为第二次人口出生高峰，这 11 年间，年平均出生率为 41.89 ‰。1974—1981 年人口成平稳增长。随着计划生育工作的全面展开，村民认识并接受了计划生育政策，人口增长速度回落，年平均增长 27.85‰。1982—1990 年为低增长时期，其中 1989 年出生率明显下降，出生率为 22.09‰。1982 年第三次全国人口普查结果显示，全村总人口比 1949 年增长 1.87 倍。1990 年第四次全国人口普查结果显示，全村总人口比 1949 年增长 2.03 倍。1991—2000 年平均出生率为 14.12‰，10 年间下降 15.39‰。2001—2010 年，平均出生率为 12.07‰，10 年间下降 2.05‰。2011—2016 年，平均出生率为 4.26‰，6 年间下降 7.81‰。

人口性别 1949 年，全村男女性别比为 1.06。1953 年第一次全国人口普查显示，全村男女性别比为 1.05。1964 年第二次全国人口普查，全村男女性别比 1.06。1982 年第三次全国人口普查，全村 155 户，553 人，男女性别比 1.05。1990 年第四次全国人口普查，全村 167 户,594 人，男女性别比 1.06。2000 年第五次全国人口普查，全村 197 户，660 人，男女性别比 1.07。2010 年第六次全国人口普查，全村 243 户，750 人，男女性别比 1.06。2016 年全村 737 人，男女性别比 1.07。

民族构成 全村有汉族、藏族，其中藏族 1 人。

姓氏源流 溯源本村姓氏源流，有陈姓、毛姓、路姓、董姓、柴姓、刘姓、梁姓、柳姓、马姓、党姓等。明朝初期，在董姓、刘姓人家迁来之前就有路姓、陈姓人家居住，路姓、毛姓今已无人，无处考证，陈姓人家迁居甘肃庄浪县柳梁乡。柴姓，祖籍山西大槐树，明朝初年迁居梁堡村。董姓，祖籍陕西岐山县董家台子，明朝初年迁居梁堡村。刘姓，祖籍陕西省泾阳县，明朝初年迁居梁堡村。梁姓，祖籍陕西省岐山县佛儿沟，明末清初迁居梁堡村。柳姓，祖籍山西大槐树，清朝末年迁居梁堡村。马姓，祖籍甘肃省庄浪县马阳洼村，1960 年迁居梁堡村。党姓，祖籍隆德县奠安乡党沟村，1985 年迁居梁堡村。

自 20 世纪 90 年代以来，宁夏南部山区开始生态移民，梁堡村有 27 户 113 人，移民到宁夏隆湖开发区 6 户 26 人，红寺堡开发区 4 户 17 人，渠口 9 户 39 人，新疆 8 户 31 人。

◉ 基础设施

梁堡村基础设施主要包括交通设施、通信设施、用电照明设施、文化娱乐设施及村民住房设施等。

道路建设 1972 年，修筑奠安公社驻地到梁堡大队简易公路，路宽 6 米，全长 2 千米，均为土路面，可通汽车。2004 年，修建大（峡）岳（堡）公路经过梁堡村，跨度 1.5 千米，为柏油马路。2016 年，全村水泥硬化道路 5 千米，通到每家每户，极大地方便了村民的出行。

邮电 明清时期，驿站向村内投递无几。民国时期，通过邮路、集、镇、铺户转代到户，年均投递量很少。新中国成立后，梁堡乡设邮路投递到户。1958 年，梁堡大队设置投递点。1962 年，奠安乡设立邮政代办点投递到户。1964 年，每天有直接往返县城到奠安邮政代办点的邮递员，村民可以收发平信、平快、单挂号、双挂号信件及包裹、汇兑、书籍、报刊等。1980 年 7 月 1 日，全国推行邮政编码，隆德县邮电局总编号为 756300，奠安乡的邮编为 756303。

电话 20 世纪 80 年代，用木杆架通从奠安乡途经梁堡村至张田村的电话线路，可通县邮电总局，当时为公用电话，村民少用。1996 年 12 月，乡镇开通程控电话，村部安装座机。1999 年，全村开通 139 数字移动电话和 168 信息联网；2000 年，开通无线市话（小灵通），村民打电话十分方便。2002 年，村内安装家庭固定电话户数占总户数的 54.6%，2004 年上升为 65.7%。2015 年之后，村内固定电话逐渐被手机所替代，存户量极少。2016 年，网线通入村里，大多数村民家使用网线。由于网络和移动电话的普及，固定电话逐渐被取代。

通电用电 1975 年春，梁堡村通照明电，安装变压器一台，容量为 50 千伏安。1980—1999 年，村集体搞农副加工业，村民自办企业，机械用电量大增，变压器容量增至 1000 千伏安。 2001 年 10 月建成奠安乡变电所，2002 年 9 月开始运行，供电范围包括梁堡等十几个村。

文化广场 2003 年，梁堡村一组在水泉上边修建 3 间砖木结构的房子，旁边平整为

修建中的梁堡村文化广场（2016 年）

简易广场，用作村委会办公及村里文化娱乐活动场所。2008 年 4 月开始在梁堡村二组修建梁堡村村委会，配套设施齐全，设有老年人活动中心、医疗卫生室、电视电影放映室、老年饭桌、办公室等。2016 年 11 月，村里争取整合各项资金 180 多万元，用于建设梁堡村村民活动中心，规划建设廊亭、篮球场、文化舞台等。

农村住房 进入 21 世纪以来，社会主义新农村建设稳步推进，梁堡村村民住房面貌发生了历史性改变，绝大多数村民住上了砖木结构的新房。村民的住房基本实现了土坯房变砖瓦房的新面貌，约有 95% 的村民住进了新房。村里的住房设计模式也越来越向

梁堡村村民院落（2016 年）

城市化靠近，大多数村民在自家建了卫生间、洗澡间，安装了太阳能热水器，家里购置了空调、冰箱、洗衣机和彩色电视机等日用家电。

村级管理

基层组织

党组织与村政。1949 年 8 月，隆德县解放，建立了人民当家做主的新政权，废除了国民党统治的保甲制。至 1957 年间，县以下设立了区、乡、社三级组织机构，调整行政村、自然村为农业生产合作社。

1949 年 10 月成立梁堡乡，乡政府驻地梁家堡子，农山区委直管党的工作。

1958 年年初，撤梁堡乡，设梁堡村，属奠安乡管辖，设村主任（村长）。1958 年 9 月，实行人民公社体制，乡改为人民公社，合作社改为生产大队。梁堡生产大队设生产大队党支部，由书记、副书记、支部委员 3~5 人组成，设正副大队长、治保主任、监察主任、文书，生产队设正副队长、监察主任、会计。

直至 1984 年，撤销生产大队，生产队改称村民小组。设立村民委员会，改梁堡生产大队党支部为梁堡村党支部。

1984 年第一届村民委员会成立，选举产生了村民委员会班子。每届村委会班子成员任期 3 年，至 2014 年共选举产生 11 届村民委员会。

基层党组织 梁堡村的党组织配合乡政府的中心工作做出了应有的贡献。1950 年，组织动员群众给中国人民志愿军赴朝鲜作战捐献慰问金 1500 元，布鞋 120 双，粮食 2000 千克，4 名青年应征参加了中国人民志愿军。在土地改革、互助组、合作社和人民公社化时期，梁堡村党支部始终坚持党的中心工作，坚决执行县乡党委及政府交给的每一项工作任务，发挥广大党员的模范带头作用，依靠广大群众完成各个时期党在农村的中心工作任务。1951 年 9 月，隆德县土地改革试点工作展开，梁堡村是农山区梁堡乡的第一批试点村。梁堡乡（村）党支部在农山区委的直接领导下，配合县委派来的土改工作队，开展组建各类群众组织，发动贫下中农，划分阶级成分，分配地主富农剥削的财产土地。在一年多的土改运动中，梁堡村党支部配合土改工作组圆满完成了土改工作。党支部总结经验，为日后其他地方开展土改做了有益的探索。梁堡村党支部工作扎实认真，群众基础好，基层政权巩固。1953 年的互助组、1955 年的初级合作社、1956

年的高级合作社，每次运动的开展，当时的农山区梁堡乡都把梁堡村作为先行工作的试点。改革开放三十多年来，梁堡村历届党支部、村委会始终站在改革开放的前沿，带领群众在摆脱贫困、解决温饱、脱贫致富奔小康道路上做了大量卓有成效的工作。宣传发动群众移风易俗、实行计划生育、革除陋习、倡导社会主义核心价值观。20 世纪 80 年代，引导农民使用化肥，90 年代积极引进优良品种，提高当地粮食产量，提前解决了群众温饱问题。组织带领群众铺地膜、打井窖、修梯田、防御自然灾害。21 世纪初，国家实施退耕还林（草）工程后，梁堡村党支部、村委会向上级组织积极争取退耕还林指标，把水土流失严重、粮食产量低下的坡地全部退耕还林（草）地，改善了山区生态环境，农民得到最大实惠。村两委每年都动员和组织本村富余劳动力外出务工。务工人员一部分到广东、福建、浙江、上海等东南沿海地区，一部分到内蒙古、宁夏境内就近务工，许多外出人员在务工地成了家，进行自主创业就业，彻底走出了大山，改变了命运。从 2007 年开始，每年都组织劳力赴新疆摘棉务工，人均收入达 6000 元左右，劳务输出已成为梁堡村的支柱产业和农民增收的"铁杆庄稼"。在国家实施的各项扶贫政策中，村两委班子积极争取项目，先后争取了农村改厕项目，干旱地区水井、水窖工程项目，"大地之母·母亲水窖"项目，"户户通"项目，水窖集水场项目，农村道路建设项目、农村危房改造项目等几十项惠民工程。各项扶贫项目实施后，极大地改善了村民的生产生活条件。通过"两推一选""公推直选"等换届选举程序，将一批有文化、懂经济、会管理，在党员和群众中有一定威信的年轻党员、青年选进村两委班子，班子的凝聚力、战斗力明显增强，为加快新农村建设提供了组织保证。

共青团组织 农村土地改革政策结束以后，县土改工作队在乡党委、政府领导下，帮助经过土改后的农村建立村级其他组织。1952 年，梁堡村团支部随之建立，村党支部派优秀年轻党员担任团支部书记。村团支部自建立以来，经历了互助合作社，初级、高级农业社，人民公社化等各个时期，始终按照上级党团组织的安排，认真完成自身的工作任务；积极动员青年团员参军入伍。1958 年，动员青年团员去黄草沟大炼钢铁，在桃山、三里店修水库；1964 年，"农业学大寨"开始后，动员青年团员成立常年基建队开展农田改造，修建水平梯田。中共十一届三中全会召开以后，农村实行家庭联产承包责任制，广大共青团员积极投身到改革开放的大潮中，充分发挥其优势，在脱贫致富道路上踏实苦干。进入 20 世纪 90 年代，外出务工人员逐年增加。梁堡村团支部积极动员和组织全村青年外出打工，每年协助村党支部组织务工人员外出务工，西去新疆拾棉务工，赴银川、内蒙古等地搞建筑。经过多年打拼，梁堡村多数有为青年从打工到创业开始了新的生活。在创业者中，有建养殖场的、有承包建筑工程的、有干汽车运输的、经营出租车的，也有从事商业经营的。这些成功的青年都通过自身的打拼在脱贫致富奔小康的道路上走在前面，并带动广大乡亲共同致富。

妇女组织 中共隆德县地下党组织在梁堡村开展革命活动时期，秘密发动包括妇女在内的贫苦群众，宣传中国共产党的主张，发展壮大革命力量，妇女组织在掩护接待地下革命者方面作出了自己的贡献。1951年秋，隆德县在梁堡村实行土地改革试点，土改工作队进村后首先帮助村里建立起妇联、民兵组织。妇联发动全村贫雇农家庭妇女走出家门，控诉地主和富农剥削的罪行，并参与土改工作。1950年，中华人民共和国颁布第一部《中华人民共和国婚姻法》，废除封建包办婚姻，提倡男女自由恋爱，乡政府帮助本村一些女青年冲破封建包办婚姻的枷锁，实现自由找对象的愿望。1955年开始的农业合作社运动，从初级社到高级社再到人民公社，梁堡村妇联始终配合村党支部认真做好妇女工作，发动妇女走出家门和男人实行同工同酬。在播种、施肥、锄草、耕地、收割打碾、送肥、修水利、修梯田工作中和男劳力干一样的活，挣一样的工分。1956年，成立梁堡高级农业社。改革开放以来，梁堡村妇联配合党和政府在农村的中心工作，在计划生育、劳务输出等方面发挥了积极作用。妇女干部利用各种场合向全村妇女宣传计划生育政策和妇女保健、优生优育方面的知识，动员育龄妇女自觉执行国家的计划生育政

梁堡村旧村部（2016年）

策，自觉配合村委会完成计划生育绝育和置环任务。同时动员组织妇女走出家门打工挣钱，乡上每年组织务工人员赴新疆摘棉花，梁堡村很多妇女报名参加，村上每年都超额完成乡上下达的劳务输出任务，多次受到县乡的表彰奖励。

民兵组织 新中国成立初期，梁堡村成立了第一支民兵队伍。1955—1957 年实行基干民兵和普通民兵制度。年龄 30 周岁以下复员军人和 18~25 周岁男性公民编为基干民兵；31~40 周岁编为普通民兵。1958 年，民兵组织适当放宽了政治条件，允许改造好的地主和富农子弟加入民兵组织，但只能作为普通民兵，不能加入基干民兵；规定有特长的女性公民可参加民兵组织。民兵组织改为大队民兵营，生产队为民兵连、排。1963 年，全国响应毛主席号召，大办民兵师，村里的贫下中农子弟基本上都参加了民兵组织，经常参加军事训练。每年的征兵工作中，基干民兵优先。“文化大革命”期间，基干民兵参加会议、集训和开展各类活动，生产队照记工分。1979 年后，农村实行家庭联产承包责任制，农村经济体制发生重大变化，村里民兵未参加重大活动，除参加正常的训练任务外，还担负着应急抢险、维护乡村治安的任务。

村务公开 2000 年 10 月，全县开展村务公开和民主管理工作，梁堡村在村级活动场所设置村务公开栏，定期将各项指标和数字进行公布，实行民主监督。此后，村

梁堡村村委会（2016 年）

里一事一议工作步入正常轨道。村两委积极探索村务公开途径，于2004年在本村推行了“民主议事日”制度，即为进一步实行村务公开，梁堡村推行将党员集中活动、党员和村民代表议事、村务（财务）公开、播放电教片培训党员和农民统一在每月固定日期进行的“民主议事日”制度，通过定期召开民主议事日会议来实现，每月10日召开一次，分收集意见、议事、组织实施和监督反馈四个环节进行。在村活动场所设立“民情意见箱”，由专人管理，定期开启收集村民意见、建议和求助信息。坚持村两委干部轮流值班制度，由负责值班的村干部接待村民反映诉求，村干部把村民反映的问题、提出的困难和疑虑、合理化建议记录在案，能帮助解决的尽快帮助解决，能解释清楚的当面予以答复，能化解的矛盾及时解决在萌芽状态。村干部将需要议定的问题梳理成条，按照“一事一议”的程序收集汇总，由村两委向村民议事会提交讨论议题。议事是开展民主议事日活动的关键环节，村民议事日会议由党支部和村委会负责召集，参加人员主要是村民代表、村干部、全体党员等，会议内容涉及村务公开、财务收支、计划生育、结构调整、危房改造、低保救助、基建维修、人畜饮水等与村民密切相关的重要事项。议事充分发扬民主，围绕群众关心、关注的公益事业和热点问题，让代表在村民议事会上充分发表自己的意见和看法，对党员、积极争取，最迟在下次议事日公布解决方案，最后通过各种形式公开议事内容和办理措施。村党支部书记在村民议事会结束后主持村两委联席会议，决定议事会议讨论商议的有关事宜，将民主议事会上承诺事项进行责任分解，明确责任人、监督人，明确完成时间和完成标准，并将承诺事项和进展情况在村务公开栏进行公示，接受群众监督。对重大事项以及社会公益等都要在继续征询大多数村民民意的基础上，报乡党委、政府审核，并提交村民代表会议讨论通过后村两委组织实施。议事会上，与会人员各抒己见、畅所欲言，汇聚着民主热烈的气氛与和谐。议事的落脚点在于抓好落实，村两委积极采取限期、承诺、公布结果、定人定则等有效措施和建账销号的办法逐一落实议事会商定的事项，努力提高办事效率和质量，做到件件有回音、事事有着落。坚持按照村民意愿和每一阶段的中心工作任务设置议事话题，与群众平等活动、对话，公开村务、财务、强化民主管理。这种党支部领导下的“民主议事日”制度的建立，促进了全村各类问题的有效解决和经济社会事业的顺利发展。

人民调解 村设人民调解组织，主要是调节婚姻、土地、房屋宅基地、山林、债务、继承、赡养等常见性多发性民间纠纷，最大限度防止矛盾纠纷激化，把矛盾化解在基层。1950 年后，村设调解委员会，村级人民调解委员会主任由高级社长、生产大队队长、村长、村委会主任担任，并聘请社（村）中有威信、群众信任的村民担任调解员。梁堡村人民调解委员会成立 60 余年来，为化解村民夫妻矛盾、宅基庄院矛盾和赡养老人方面的问题等一系列民间纠纷做了大量工作，避免了矛盾的升级，维护了社会稳定与和谐。

村规民约　梁堡村历史悠久，继承且延续了中华民族的优秀传统美德，村民耕读传家，崇文尚德，民风淳朴，乐善好施，尊老爱幼，勤俭节约。在村民自治的过程中，梁堡村民结合村实际，为维护村秩序、公共道德、村风民俗、精神文明建设等方面的发展，制定过一系列约束规范村民行为的规章制度。

2016 年，为进一步推动全村的物质文明、精神文明、政治文明建设和社会主义新农村建设，梁堡村经广泛征求群众意见，村民代表大会通过，具体制定出梁堡村村规民约。

一、遵国法，守村规，公共财，不可毁。

二、学科学，重教育，反邪教，不迷信。

三、尊师长，爱幼小，对儿女，不娇惯。

四、勤致富，俭持家，不赌博，不浪费。

五、邻里间，和为贵，相互帮，不添乱。

六、夫妇情，恩爱深，讲平等，不吵嘴。

七、外来客，如亲友，多帮助，不欺生。

八、遵国策，优生育，不重男，不轻女。

九、讲卫生，爱环境，乱堆占，不可为。

十、为村邻，群防治，见勇为，不旁观。

文物胜迹

梁堡村历史悠久，早在新石器时期就有人类居住，村内文物胜迹主要有新石器时期齐家文化古遗址5处，宋代古城堡1座，明代古民居院落1所，二郎真君庙、戏楼、文昌楼各1处，山神庙1座，古窑多孔，古墓葬3处，有树龄500年的核桃树1棵、上百年洋槐2棵。还有水泉5眼，油坊1座，磨坊1座，瓦窑3处。

梁堡，历史悠久，早在新石器时期就有人类居住，村内有新石器遗址、宋代古城堡、明代古民居等。

古遗址　古墓葬

1984 年全国第二次文物普查发现，梁堡村周边有新石器时期的古遗址多处，距今 4500 年左右。2007 年全国第三次文物普查发现，梁堡村周围古遗址有 5 处。

崖上新石器遗址　位于梁堡村三组西北山腰二级台地上，面积约 35000 平方米，文化层厚 1~3 米，地面散布大量红、灰褐色陶片，纹饰多为竖斜细绳纹，器形有红陶罐、盆、碗。另外出土有石磨、石棒等，属齐家文化。

夹耳子路新石器遗址　位于梁堡村二组，面积约 12000 平方米，文化层厚 1~3 米，暴露有半地穴式房址、草拌泥白灰面、灰坑。地面散布红、褐陶片，纹饰为粗细绳纹，属齐家文化。

马槽槽新石器遗址　位于梁堡村一组东北 50 米处的二级台地上，面积约 80000 平方米，文化层厚 1~3 米，暴露有半地穴式房址、灰坑窑址多处。地面散布大量红、褐色残片，纹饰以绳纹为主，器物以平底器为多，属齐家文化。

梁堡新石器遗址　位于梁堡村一组北 100 米处的二级台地上，面积约 8000 平方米，文化层厚 0.2~2 米，暴露有灰坑。地面散布有细泥夹砂的红、

塔寺莲花石座（2016 年）

古堡西面城墙马面（2016 年）

灰陶片，纹饰有绳纹、蓝纹、几何纹。器形有夹砂红、褐色陶罐、敛口红陶钵等。另外出土有石斧、陶纺轮等，属齐家文化，保存较好。

皿儿坪新石器遗址 位于梁堡村三组西 50 米的二级台地上，面积约 80000 平方米，文化层厚 1~3 米，地面散布大量红、褐色陶片，纹饰多为绳纹和蓝纹，器形有夹砂红陶壶、单耳罐、盆等，属齐家文化。

塔寺遗址 位于梁堡村南山（凤凰山），凤凰山上曾建有寺庙、佛塔，塔寺因地震山头滑坡被毁坏，凤凰山上有遗存的塔寺莲花石座。凤凰山顶部还有一座保存完整的小城堡，为塔寺毁坏后修筑，用于军事，储备粮草。

古墓葬 梁堡村发现的古墓葬有夹耳子路、村民后院附近等处，由于年代久远，墓葬毁坏严重，无法考证墓主人所处朝代和身份，但从出土的文物看，墓主人的身份地位很不一般。出土的器物主要有单耳罐、骨簪、瓦器、骨骸、鹿角、金簪、玉圭、玉璜、玉如意、五色玉器、圆形翠绿玉器等。

◉ 古城堡

梁堡古城堡 位于隆德县奠安乡西，梁堡村一组北山半山腰。根据文物专家考古推断以及现有城堡夯层证明，古城堡筑于宋代，且为官方所筑，属军事防御工程修筑，距今 1000 多年。其主要独特之处是城堡建在半山腰，站在山上向下看，城堡在平川里，站在川里向上看，城堡在山上，此城堡易守难攻。后随战乱平息，变为民居城堡；此城堡是目前隆德县境内唯一一座保存完好且有人居住的古城堡。

城堡建筑规模 11900 平方米，东西长 170 米，南北宽 70 米。城墙为黄土夯筑，基宽 10 米，顶宽 4 米，墙高 7~11 米，夯层厚 6~9 厘米。四周城墙中间筑有马面，马面长 7.2 米，宽 2 米。北面、西面城墙上建有炮台。城门朝西，以块石砌筑，上棚为粗壮方木。堡门为厚实的木板，用铁板大圆铆钉装饰，门额上有拍电影《杂嘴子》时刻写的“吉祥”二字。

城墙上面有两米高的女墙，西、北墙上炮台曾经架设有抬枪、将军炮，东、西墙上建有城房瞭望台。古城堡在 1933—1935 年进行过一次维修。城中现有居民 17 户，多为刘姓。古堡内有保存完整的明代古宅世德堂，曾有美国旅游考察团先后两次前来观光考察，对古城堡叹为观止。第一次是 20 世纪 80 年代，美国旅游考察团中的一位老人对古城堡十分感兴趣，回国后仍念念不忘。2005 年，老人派自己的孙女前来考察，并为梁堡小学捐赠电脑及学习用品。

◉ 古民居

世德堂 位于梁堡村一组古城堡中，据文物考古专家考证，建于明代，村民刘昌珀家祖祖辈辈居住在此，距今已 400 多年，建筑面积 500 多平方米。这是一座典型的北方四合院，南面大门进去有一个建造精美的影壁。主建筑坐北朝南，由门厅、左右厢廊、正殿组成，门厅进深 2.4 米，宽 2.2 米。抬梁式梁架用圆柱，建筑结构是五檩厅，成“凹”字形平面（当地称“锁子厅”式），正中一开间为凹进的前廊，两端为凸出的卧室，内设火炕。出檐砖雕斗拱，马头墙上砌有“福”“寿”“白鹤”“鹿”等，墙面磨

世德堂牌匾（2009 年）

明代所建古宅世德堂（2009 年）

崖上古窑洞（2009 年）

砖对缝镶砌牡丹花盆。房上覆以小青瓦、筒瓦，瓦口是勾头滴水，清水脊上刻有镂空莲花。门额镶有“世德堂”匾额一面，长 1.65 米，宽 0.7 米，中间刻有“世德堂”三个大字，右边落款“岁在乙卯浦月上浣之吉”，左边落款“表弟薛梦麟赠”。东西两排厢房，南面一排厢房，大门在南厢房中间过堂。主人收藏有大量古物，为行医世家。

古宅经历过多次地震。清代末期，该房屋外墙曾经因地震而倒塌，但房屋内木质结构仍完好如初。古宅世德堂对研究地方建筑形式及文化提供了十分重要的实物依据和较高的文物史料价值。

梁堡村民居建筑少砖石、多土墙，木装修也较简单，显得质朴敦厚，有三合院、四合院建筑。但其总体布局疏密有度，主次分明，开合并举，外封闭内开敞；自然情趣引入庭院中，屋身尺度适中，凹曲屋面，飞檐反宇，造型优美；屋身铺作层的木雕，雕刻手法多样，题材取意吉祥；砖雕照壁，雕刻线条回转流畅，简洁粗犷，美观大方而不细密缛繁。

窑洞 在村北面的屲儿坪、沟儿屲（洼）、崖上、沟呢、毛家湾、董家湾、柴家沟、路家场、毛家窑等处，都有梁堡村人居住过的窑洞，有些还是窑中窑。

◉ 古建筑

二郎真君庙 位于古城堡门口南侧，创建于康熙年间。庙宇占地 1000 多平方米，由大殿、戏楼、两厢卷棚几个主体建筑组成。庙宇建筑气势宏大、结构严谨，坐北朝南。这里曾经香火旺盛，慕名而来的香客四时不绝。大殿坐北朝南，前有两厢卷棚。二郎真君庙是道教场所，建筑雕梁画栋，有精美的青砖、琉璃瓦、砖雕等。后经兵燹、人祸、天灾、地震，逐渐衰落，1971 年二郎真君庙及文昌楼基本被毁废弃，1995 年村民捐资在原地址重新修建，占地面积 120 平方米，庙内塑有二郎真君神像，有坐像和行像之分。庙门上方有“威灵显应”匾额。

戏楼 位于二郎真君庙南边，与大殿南北对峙，高高耸立。后被地震毁坏。

文昌楼 位于二郎真君庙大殿东面，琉璃殿顶，石刻护栏。后被地震毁坏。

山神庙 位于古城堡西侧塬下，在村落景观中是较醒目的标志。

水磨 在 20 世纪 70 年代以前，梁堡村有 3 处水磨，一处建在古核桃树东侧，引陈家后沟水作动力，后因水干涸而废弃。两处建在邸店河岸边，将河水引进磨渠，成为村里的水磨坊，为全村及周边村民榨油、磨面。

磨坊的建筑一半与当地普通的民居毫无两样，而另一半悬空于水上，很像南方的吊脚楼。磨坊分上、下间与起居室，下间为动力室，上间为工作室。下间安装水轮与拨轮，两者以梨木拨子相啮合。水轮通称大轮，直径约 2.47 米，毂上分射出辐条 12 根

梁堡村二郎真君庙（2016 年）

20 世纪 60—70 年代的水磨磨轮

20 世纪 60—70 年代的旧磨坊

与拨齿子 24 根，外缘周围有水瓦 36 个，铸铁轴安置在铸铁托承上，水轮下部处于窄而深的退水槽内，上缘承于接水槽口。木质接水槽紧嵌于引水渠渠尾，槽身窄深，纵坡极陡，以便形成湍急水流，冲击水瓦，推动水轮飞速转动。

拨轮以传送动力轴为轴，轮盘上有梨木拨子 16 根。动力轴下端装以方形木托，木托下垫面嵌以铸铁 6 齿子，铁蒺藜刺呈上下四方六面发射。上刺钉于木托，四齿水平起加固作用，下端一齿安置于铸铁臼内，便于旋转。当其磨损转动不灵时，五齿均可用于下端。传送动力轴由下间伸入上间，其顶端十字形木托上安放石磨下扇，下扇薄而轻，随动力轴旋转；上扇厚而重，以绳索微微悬起固定于房梁木柱上。两扇石磨之间由磨脐和榫子相连，当下扇在飞速转动时，全副石磨即起磨碎作用，把五谷杂粮磨碎。

起居室与上间相连通，有火炕、锅灶等设施，是照磨人（即管磨坊的人，俗称“磨老鼠”）的工作休息处。

水磨坊需要水位差在 3 米以上，所需流量不到 0.05 立方米 / 秒。水轮、拨轮、动力轴等全为木质。下间墙壁与退水渠皆采取胡麻毛和泥砌河卵石。上间墙壁先以木枝条编成，再抹上草泥以避风。起居室墙壁则为土坯墙，青瓦屋顶。磨坊建筑就地取材，经久耐用。

油坊　用土块、石头、木头、砖瓦等建筑而成，与水磨坊连在一起，油坊里安装一些简单但必需的设备。大约 10 米长的木油梁一端有梯架形的“木山”，以地为地滑车，房顶装天滑车，都是绞起油梁的工具；地面的宽展处是踩油泼的地方，靠近炒锅的墙壁有一个门，通向水磨坊。榨油时，五六个身强力壮的社员将当年种植收获的胡麻、菜籽拉运到土油坊，先将胡麻、菜籽在油房里炒好；再将胡麻、菜籽分类后在旁边的水磨坊里磨成团，堆在磨坊的地板上，浇上水，两三个人在地板上用脚踩大约 3~4 个小时后，装进底部铺有麻绳、马莲草的铁圈里。在一桩柳木桩的挤压下，油就沿着马莲草的草尖，滴进油池之中。

◉ 古胜迹

瓦窑 在梁堡村古城堡南边场地下，有 20 世纪 70 年代以前烧青砖青瓦的古瓦窑遗址 3 处。窑就崖坎挖土而成，窑身已被取土毁坏，保留下来三分之二。已暴露的窑面泥土形成 20 厘米厚的烧结层，窑室宽约 1.5 米，窑旁遗有烧灰、古瓦等。20 世纪时，青瓦青砖墙是梁堡村传统建筑的基调，如今被红砖、红瓦、钢筋、水泥构筑的新式住宅所取代。

古树 梁堡村二组二级台地上有一棵树龄大约 500 年的核桃树，枝叶繁茂，主干分有三股，树冠高大，村内有上百年的洋槐两棵，枝干高大，树冠枝叶繁密。

水泉 梁堡村水泉星罗棋布，随处可见，最有名的有官马泉、大泉等 8 大泉。2016 年因村民居住建房、耕种土地，多数水泉已被填平，只有沟呢泉仍泉水汩汩，清澈见底。

梁堡村的古核桃树（2016 年）

汩汩泉水（2016年）

◉ 古文物

古钱币　在日常生产劳动中，梁堡村村民无论在田间地头，还是院落的房前屋后，挖地取土常能挖出一些古钱币来，远至秦汉，近到清末，历朝历代都有，其中以宋代的居多。

火虎将军　梁堡村村民家中现藏有古堡城防用的铁铸火虎将军炮一门，梁堡村民称之为“九箭力”。火虎将军长约 1.5 米，重 29 千克，底部直径 10 厘米，口径 6 厘米，口内径 2.5 厘米，炮眼距底部 10 厘米，有 13 个铁箍，刻有“乾隆伍拾柒年伍月贰拾柒日万步興重修”“火虎将军”字样。

汉代钱币

唐代钱币

宋代钱币

宋代钱币

火虎将军炮（2016 年）

梯田建设（2016 年）

村域经济

早在新石器时期，梁堡村的先民已开始农耕生活，种植培育农作物和饲养猪羊狗等家畜。夏、商、周时期牧业比较发达；秦、汉、唐时达到兴盛；宋、元、明、清时属半农半牧演变过程。民国时期，军阀混战，土匪抢劫，各种灾荒相侵，农业生产遭受严重破坏。新中国成立以后，经历土地改革、农业合作化运动和人民公社化运动，逐渐建立起人民公社化体制，在经营管理上高度集中，在分配上实行平均主义，农民没有经营自主权，缺乏生产积极性，农村经济发展长期滞后。中共十一届三中全会后，梁堡村实行家庭联产承包责任制和社会主义市场经济体制，农业和农村经济发生了历史性转变，村民生活水平在解决温饱的基础上不断提高。21世纪以来，通过实施退耕还林还草政策，使村里土地得到了有效利用，提高了农业生产效率，使农民受益、农村经济快速发展。

◉ 生态建设

梁堡村农业生态建设主要包括农田建设、水利建设、林业建设、果园建设等。梁堡山川的生态保护关系着梁堡村民子孙后代的福祉，因此，梁堡村民肩负着生态保护与建设的重任。新中国成立以来，梁堡村在处理好人文、生态与经济之间的关系的同时，努力做好农田建设、水利建设、林业建设三篇文章。现在的梁堡村呈现给世人的面貌是地是平的，水是清的，山是绿的，天是蓝的。

梁堡村位于宁夏南部干旱半干旱区，属于环境变化频率高、幅度大、多灾易灾的地带，生态环境十分脆弱，水土流失严重，植被稀疏，再加上后期人为的破坏，受流水侵蚀后形成了千沟万壑的地貌。1919 年，梁堡村南北山脉绵延，密布着天然灌木丛，也有其他树种，常见的有白杨树、杏树等，植被茂密。至 1929 年，梁堡村在 10 年中人口激增，因天灾致使土地干旱，村里将山林划分给各户开垦并借给工具、籽种；从河滩沟坡向梁峁开垦，几年后将这片茂密的森林全部开垦为农田，用以种植粮食。新中国成立后，以“开荒多种”、发展粮食生产为主，全村开荒 1000 余亩。之后，陆续小片开荒，扩大农田面积，所剩陡坡、梁峁均被开挖。虽然耕地面积扩大，而毁坏的林地草场，造成新的水土流失，加重了土壤肥力丧失，生态环境失调，因此粮食产量始终上不去。

梁堡村水土流失，滑坡走山，土地成了跑水、跑土、跑肥的“三跑田”。1958 年底，梁堡村共治理支沟 6 条，修沟谷防御工程 10 处，在花沟凸沟设谷坎多处，并修建大量软堰、坎沟、水簸箕等田间工程，使北山和南山得到治理绿化。1964 年，采取工程措施、生态措施和耕作措施相结合的治理方法，县上投入本村草籽 500 多千克，树苗 10 万多株，在沟坡种植紫花苜蓿，河滩栽种杨柳，上坡种植杏树、梨树、酸刺。1974 年，实行土、水、林综合治理，当年在大凸梁栽种刺槐 50 余亩，北山栽种梨树、杏树 20 余亩，在梁堡后沟修建梁堡淤地坝 1 座；并在毛家湾办起大队集体农场，面积 20 余亩。1999 年，为贯彻落实国家退耕还林、恢复生态的政策方略，当年退耕 25 度以上的山地面积 657.6 亩，用于栽种桃树、山杏树。至 2016 年年底，全村人工造林保存面积 1510 亩，种草面积 620 亩，建成各类小型拦畜工程 36 处，林草覆盖率达 23.2%。水土流失得到有效控制，生态环境得以改观，人与自然和谐发展的基础得到加强。

农田建设　梁堡村以悠久的农耕文明和古老的人文遗存而闻名，经济发展主要依托农业，长达 50 多年的农田建设使梁堡村成为隆德县奠安乡人修梯田的典型代表。

梁堡村发展经济的自然条件十分匮乏，没有矿藏，没有工业，土地自然就成了梁堡村村民的命根子，要脱贫就得在土地上做文章。自 20 世纪 50 年代初，梁堡村就开始梯田建设劳动，成为宁夏隆德县人修梯田第一村。

梁堡村梯田化建设的历程，对梁堡村民来说是一部气壮山河、惊天动地的创业史，而对历届村委会干部来说则是一场艰苦创业、再造山河的接力赛。可以说，梁堡村村民在层层梯田里洒下了他们辛勤的汗水，就是这个群体，用集体的智慧，在长达 50 多年漫长的征途上，谱写了一曲曲感人肺腑的奋斗之歌。沿唐山梁 312 国道从北向南经过陈家岔、马湾梁到梁堡村，大凸梁至凸儿坪、龟山梁顶至梁家坪，就会看到美丽如画的一层层、一块块人修梯田环绕山梁。

从史书记载来看，这里十年九灾，“日如流火、百草俱枯”“人相食”。清康熙二年（1663）《隆德县志》“灾异”之目，记载了“明成化二十一年，大饥。”“崇祯三年，不雨，自四月至秋八月，飞蝗蔽天；大饥，父子相食。”新中国成立后，梁堡村民在政治上翻了身，但面对严酷的生活环境，村民依旧过着“半年糠菜半年粮”的生活，每年吃着国家“救济粮”，穿着国家救济的“黄衣裳”。这片养育梁堡村民的土地上，收获的只有饥饿和贫穷。民国《隆德县志》记载：“隆人不谙行货为商，不习居货为贾。读书不能以养身家，作工不足以利器用，所以以俯仰而支饷糈者，独农耳。”要生存还得靠这片黄土地，为了改变艰苦的生存环境，梁堡村民围绕这片黄土地开始大做文章。

梁堡村50多年的梯田建设，经历了“文化大革命”、“农业学大寨”、包产到户等几个大的历史时期，但在县、乡两级政府的领导下，村委会班子换届易人不易志，一代接着一代干，坚持“山河面貌不变，农田基建不停”，没有因政治气候的变化和局部困难而改弦易辙，退缩摇摆，停止梯田建设，而是坚持了一条实事求是的思想路线，一切从实际出发，找到了彻底改变梁堡村面貌的唯一出路。比自然条件，梁堡村与隆德县其他山区一样落后；论生态环境，梁堡村和隆德县其他山区一样恶劣。但不一样的是，在一些地方难以干成的事，梁堡村村民干成了；很多人无法坚持的事，梁堡村村民坚持了下来。就这样，梁堡人无私无畏、无怨无悔，征山治水，战天斗地，与命运相抗争，以感人之举，经过50多年苦干，梁堡村基本达到了“泥土不下山，暴雨不成灾，洪水不泛滥”的要求，为集雨节灌，为高效农业，为脱贫致富奔小康奠定了牢固基础。粮食单产由1955年的亩均45千克提高至2005年的340千克左右，人均产粮由150千克提高至500千克，人均纯收入达1000元以上，群众的温饱问题基本解决。如今，梁堡村望山山翠，看地地平，层层梯田沿山而转，如雕如琢，如诗如画。在宁夏农村反贫困事业中，梁堡村成为隆德县奠安乡梯田化建设的排头兵，成为奠安乡乃至隆德县人修梯田第一村。

新中国成立后，梁堡村民经过土地改革，得有其田，在“劳动致富，生产发家”的号召下，开始平田整地、治理山坡。

20世纪50—60年代是梁堡村梯田建设起步阶段。这一阶段梯田建设以培地边埂、地腰埂、软堰、水簸箕为减短坡长主要措施修建简易梯田，同时修建了少量水平梯田。1955年2月，互助组、合作社通过观摩水土保持治理和农业机械化等技术革新，引进和推广川地条田建设新技术；1952—1957年，累计培地埂（打地埂）800余亩，挖坎沟200余亩，修软堰100余亩，修成坡式田50余亩，垄作农田300余亩。1957年，当年粮食增产25%，村民由缺粮变为存有余粮。1958年，梁堡村采取耕作措施，修垄作田500余亩。

1964年冬，村里动员社员开展治理坡地耕地为主的农田基本建设。大队组织200多人，安排施工点3处（地点分别在北山、凸儿坪和大凸梁），当年首次修成梯田50亩。1965年以大队为单位，社员利用冬闲时节兴修梯田。1965年以后，随着“农业学大寨”运动的开展，以梯田建设为主的农田水利基本建设进入高潮。1969年10月，再次掀起“农

梁堡村人修梯田（2016 年）

业学大寨”群众运动，大队采取组建农田基本建设专业队和群众运动相结合的办法，拉开大搞梯田建设、治理山川的序幕，同年底，全村修建川地条田 200 亩、山地梯田 60 亩。

自 1964 年开始，中央发出“农业学大寨”号召后，学习大寨人，修建“大寨田”的群众运动在梁堡大地展开。梁堡村村民开始踏上了艰苦卓绝的梯田建设道路，开始了愚公移山式的艰难历程。1966 年初，梁堡村村民仍然过着“早吃野菜午吃糠，晚上清汤照月亮”的苦日子，但他们却手推架子车，一头扎进修建梯田的队伍中。一个多月中，村民们常常靠吃野菜和窝窝头充饥，硬是背扛肩挑，建设高标准水平梯田数十亩。1967 年，全村粮食产量翻了几番，小麦亩产由四五十千克达到 200 千克。从来都是以马铃薯、荞面、豌豆为主食的梁堡村人，从此吃上了香喷喷的白馒头。梁堡村村民翻身靠做（整）地，从此梁堡村揭开了 50 多年梯田化建设的历史篇章。

20 世纪 70—80 年代是梁堡村梯田建设发展阶段。随着改土治水运动的深入和 80 年代“三西”农业专项扶贫开发项目的实施，梯田建设进入稳步发展阶段。1970 年，全队以 15% 的劳动力抽组常年专业队，当年建成前川川地、梁家坪条田 100 亩。在之后几年里一直进行梯田建设，全队累计修成水平梯田 500 亩、川地梯田 300 亩；梯田总面积达到 900 亩，占耕地总面积的 50.6%。

20 世纪 70 年代，在全国“农业学大寨”运动的推动下，在奠安公社党政领导的组织下，各村划片成立基建连，按照军事化建制，组织连、排、班、组，任务到班组，工种到人；在组织形式上以大队为单位，由民兵连长（专业队队长）带队，梁堡村的梯田建设开展起来。男女老少齐上阵，筐挑、背篼背、推车推，掀起了梁堡村梯田建设的高潮。每天统一划分任务，完不成者不能按时回家，直到完成任务验收后才可收工。当时，年均投入改土架子车 100 辆，各生产队购置架子车，抽组木工 1 人，巡回修理和制作新车箱 130 余件。按投入改土劳力计，平均每 4 个劳力有一辆架子车。党团员、干部、社员，在连年吃回销粮，吃马铃薯、红薯片、吃高粱、喝糊汤的情况下，自每年农历十月开始，不畏艰难困苦，鸡叫起，睡半夜，人均每天移动土方量 8~10 立方米，直到腊月二十五才收工。全村把地修平，把“三跑田”变成“三保田”，使秋水春用，彻底解决了吃饭问题。村民们把走出贫困、走向温饱的着力点定格在建设水平梯田、改变生产生存条件上，将建设方式由培地埂变为一次性修成连片水平梯田。梁堡村修梯田的精神成为全县、全公社学习的榜样，在此期间涌现出许多不畏艰难困苦、战天斗地的感人事迹和先进典型。梁仁选代表全县人民参加了人民大会堂召开的“农业学大寨”先进表彰大会，1977 年出席自治区级“先代会”，并作为县、社代表，赴北京参观。

20 世纪 80 年代，梁堡村实行联产承包责任制，土地承包到户。人们忙于自家的承包地，劳动力难组织、地块难打破，使梯田建设面临新的挑战，使平田整地一度停顿。梁堡村民顶着巨大的压力，使梁堡梯田建设走出了一条适合本村实际的发展路子。同时，他们认真执行上级领导部门的一系列优惠政策，决定梯田建设坚持“谁修谁种谁管谁受益”的原则，长期不变，毅然把紧俏的回销粮、救济款与修地挂钩，并且对继续修梯田的农户给予经济和口粮补助。这些政策重新调动了群众大搞梯田建设的积极性，把梯田建设由低潮推向了新高潮，使梁堡村走在梯田建设队伍的前面。

20 世纪 70 年代的劳动模范梁仁选（2016 年）

自 1981—1985 年，采取统一规划、分户或联户施工的办法，县上实行农村返销粮供应和梯田建设挂钩，修一亩梯田，发放回销粮 150 千克、供煤 100 千克，以鼓励修梯田。1986 年，提倡出“四集中”（集中领导、集中劳力、集中时间、集中连片治理）、“四统一”（统一规划、统一组织、统一施工、统一标准）措施，以村连片施工。1987 年，按照“建设梯田化村”的要求，推行基建工积累制度，并与供应化肥指标挂钩；对完不成任务的农户，收缴修梯田基本人工费，付给顶替修田户。1989 年，提出大干 5~10 年，实现梯田化和粮食翻一番的奋斗目标，实行村社干部目标管理新机制，将给村社干部报酬与当年梯田建设挂钩，村民劳动积累工与工资挂钩，以资代劳；对未修梯田户每亩收费 200 元，补偿多修梯田户；对所修梯田分等定级，以质定补，优惠补助，促其梯田建设向规模化、优质化扩展。

20 世纪 90 年代是梁堡村梯田建设提高阶段。随着国家对生态环境建设的加强，尤其是西部大开发战略的实施，梯田建设再次进入一个新高潮。1997 年，隆德县委、县政府提出了《坚持不懈，锲而不舍大搞农田基本建设的决定》，制定了《隆德县梯田化建设实施方案》《隆德县梯田化建设验收考核办法》，并完成了《隆德县基本农田建设十年规划》等“梯田化县”奋斗目标，采取有力措施加快梯田建设步伐。梁堡村梯田建设仍主要靠人修，每年完成梯田近 20 亩。

进入 20 世纪 90 年代后，大规模的梯田建设使梁堡村收到明显的生态效益、经济效益和社会效益。梁堡村村民在兴修梯田、改造家园的同时，早已把目光投向梯田的综合开发，开始以小流域为单位，对山、水、田、林、路综合治理，以农业实用科技推广为中心，组织梯田丰产高效开发，优化农业产业结构，努力提高粮食产量和经济收入，生

梯田地埂林带（2016 年）

态、生产、生活的改善使全村农业有了发展、农村面貌有了变化、村民生活有了提高。

1998 年底，全村基本实现了梯田化，累计建成高标准水平梯田 1569.5 亩，其中川地条田 563 亩，梯田占总耕地面积的 97.6%。村民在梯田建设中付出了巨大的努力，平均每年秋冬季投入梯田建设的劳动力 280 人，冒严寒大战 30~100 天。

21 世纪初期是梁堡村梯田建设攻坚阶段，随着国家退耕还林还草政策的实施，全村有 231 亩坡耕地退耕，坡耕地大面积减少，有力促进了梯田建设进程。2004 年 8 月 3 日，自治区人民政府在隆德县召开山区基本农田建设现场会，明确要求隆德县于 2005 年率先在全区实现梯田化县。梁堡村积极响应隆德县委、县政府的号召，两年完成梯田面积 92 亩。

梁堡村调整思路，依靠科技，加大投入，按照“山顶退耕林草戴帽子，山腰梯田、地埂林系带子，沟底林草、库坝穿靴子”的模式，以农业科学技术为支撑，发展高效农业，提高梯田综合生产能力，促使农、林、牧业的稳步发展。

修梯田给梁堡村民带来了经济效益，修梯田，调结构，种大棚蔬菜，是党和政府帮助村民走上了致富的路，是政府给村民管理和经营荒地的机会。在村民的管护下，荒山沟坡绿了，马、牛、羊等家畜也有了足够的饲草。

水利建设 梁堡村大泉、河谷水源较丰富，但过去除水磨外，并没有很好地利用水资源。1949 年以前，全村仅有水源自流可灌溉土地 50 余亩，分布在前川一带。新中国成立后，国家重视水利建设，梁堡村群众投入大量劳力，采取筑坝蓄水引水灌溉措施，兴修农田水利。

1971—1972 年，大队集中劳力兴修磨路沟淤地坝 1 座，坝高 10 米，宽 15 米，可蓄水 18.2 万立方米，配套修建灌渠 1 条至官桥，浇灌面积约 30 亩，但建成 5 年后被洪水冲毁垮塌。

1972 年开始修建范家峡水库北渠与南渠至张田村，南渠长 3.5 千米，北渠长 6.5 千米，南北两灌渠都经过梁堡村，村内灌溉渠系 1000 米，其中梁家坪、凸儿坪 900 米，配套前川支流渠系 8 条，累计长 2000 米，使各干渠可纵横流经每一块田间地头，有效灌溉面积达 460 余亩。

1974—1975 年，由奠安人民公社调集“公社农田水利常年基建连”修建位于村北毛家湾的梁堡水坝，基建连总指挥部设在一队柳家牛院，领导小组成员分别由公社领导担任，全村投劳力 150 余人。经过一年时间，建成坝高 25 米、坝面宽 50 米、总容积 152.6 万立方米、修泄洪渠长 250 米的塘坝，利用范家峡水库北渠梁堡段进行灌溉农田。

梁堡水坝（2016 年）

1995 年前后，梁堡村旱情严重，致使灌溉水源断流，村里组织村民在田间地头打井 12 眼，进行抽灌，有效地缓解了旱情。但之后村里疏于管理，致使水井自然干涸，最后用土填埋。

2000 年后，县水利部门和乡人民政府在原有干渠的基础上，再次投入资金、人力，用水泥预制块铺设了新的灌溉渠道，新渠道流量大、输送快，农作物灌溉得到进一步加强。

2015 年，县水利部门争取项目资金 100 万元，组织劳力对梁堡水坝进行抢险加固，坝坡内为水泥预制石块和水泥砂浆灌注砌成，总容积 152.6 万立方米，干旱时节注水前容积 50 万立方米。

林业建设

梁堡村林业建设主要包括林业经营体制、林木品种、植树造林、林木管护、病虫害防治等。

经营体制　民国时期，村民在庄前院后栽种树木，谁栽种谁经营。全村以树林命名的地名有如白杨林、王家湾林地、梁家岔梨树咀、水草沟林场等。新中国成立初期，村里仍实行谁家地里和房前屋后栽种树木就归谁所有。合作化、人民公社化时期，农民土地被收回集体，集体土地上的树木归集体所有，自家房前屋后树木归私人所有，树木采伐要经过政府审批。1980 年土地承包到户后，承包土地上的一切树木都属承包者所有，农民有了种树的积极性，房前屋后、山中地埂上的树木多了，各种果树也在当地开始栽种。

林木品种 梁堡村的林木品种繁多，其中以榆树为优良树种，村中阳山陡凸沟边自然生长较多，村民也喜欢在宅院四周栽植。每逢灾年，榆钱、榆树皮都是村民救命的食物。刺槐为落叶乔木，主干较直，旁枝不多，木质柔性，耐盐碱、耐水，枝干长满三角形硬刺，主干死后根系可生出多棵小树。村民一般栽种于山间荒埂上，适宜于封沟育林，是绿化黄、红土沟的好树种。

梁堡村引进乔木栽培树种有北京杨、新疆杨、国槐、刺槐、沙柳、油松、落叶松、侧柏、刺柏、垂柳、龙爪柳、东北榆等，原有种植灌木有沙棘（黑刺）、扁核木（马茹刺）、山桃、柠条等。

植树造林 在梁堡村，植树造林是一个时间跨度很长的大工程。民国时期，梁堡村境内南、北两山林木茂密，覆盖全山，后被开垦为农田。1930 年，民国政府决定 3 月 12 日为植树节，地方政府按规定期限动员民众植树。1946 年春季，梁堡村群众和学生在村域进行造林活动，栽植各种树木 600 多棵。

新中国成立后，1950—1957 年，各级政府重视林业建设，梁堡村每年组织社员植树造林，村民植树造林入股分红，村民家中现保存有 1953 年隆德县人民政府林业工作站发的造林股票。

1958—1961 年，梁堡村开展男女老少齐上阵植树造林运动，但“大炼钢铁”“大办食堂”运动开始后，林木遭毁灭性砍伐，村内大小树木所剩无几。1962 年，村里植树造

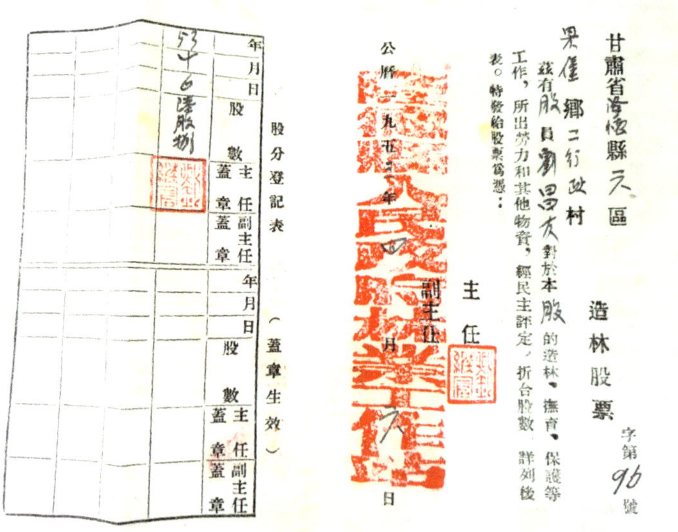
甘肃省隆德县六區
梁堡鄉二行政村
造林股票
字第96號
兹有股員劉昌友對於本股的造林、撫育、保護等工作，所出勞力和其他物資，經民主評定，折合股數詳列後表。特發給股票為憑：
主任
副主任
公曆一九五三年四月 日
股分登記表（蓋章生效）
年月日	股數	主任蓋章	副主任蓋章

1953 年的造林股票

林只图数量，不求质量和管理，春天种，秋天拔，造林收效甚微。1963 年，村里又提倡植树造林，营造速生用材林，在河沟植树 30 多亩，但质量差，成活率很低。1965 年，大队办林场造林 27 亩，栽培各种树木 1000 多棵。1966—1968 年，每个生产队建有一个小林场，全大队人工造林总面积 123 亩。1970 年冬，以小叶杨树为主，在公路两旁栽树两行，长 1950 米，栽植树木 2000 棵。其间，大队在毛家湾水草沟再建林场，总面积 108 亩，修建管护林房 3 间，挖窑洞 1 眼，安排护林员 3 名护林和栽植。

1979 年，梁堡村执行“国造国有，社造社有，社员在房前屋后或生产队指定地方种树，归社员个人所有”的政策，落实给社员划荒山种树种草的规定，重点绿化梁家岔沟和大峁梁顶林带等地，栽植面积 620 亩。1980 年，梁堡村实行承包生产责任制，划给社员造林用地，承包荒山荒坡造林，采取“定额管理，收益分配，政策兑现，并给予补助”的办法，造林步伐加快。大队组织社员在北山造林带长 1.5 千米，宽 0.5 千米，造林 1000 亩左右；在大队的林带地，各生产队的沟、林带地共造林 320 亩。

1981 年，梁堡村落实林业政策，定权发证，由过去保国营，扶集体，限个人，转变为国家、集体、个人一起大搞植树造林，将自留地旁数木由农户承包，集体树木由专业户承包管理。1982 年，进行全民义务植树，每户按人口数量，平均每人保栽保活 5 棵树。1983—1987 年，梁堡村加强防护林工程建设，对农田、道路、水渠林网建设和荒山荒坡造林。开展地埂林、经济林建设，将零散小片造林转为集中连片，以生态和经济效益并举的林业发展方向为造林目标。1988—1995 年，实施防护林体系的要求，累计完成造林 522 亩，主植树种有柳树、榆树、刺槐和杏树。1996—1997 年，继续实施防护林工程方针，平均每人植树 43 棵。1998 年，采取国家投资，群众投劳相结合，以营造梁峁沟道农田防护林为主，主要栽植酸刺、山杏、山毛桃、速生柳、花椒等树种 580 亩。1999 年，按照县人民政府退耕还林（草）实施方案，以山地、梁峁地为主实施生态造林，完成人工造林 48 亩，其中防护林 28 亩，用材林 20 亩；在生态环境建设中，栽植农田林带 50 亩。2000—2002 年，完成造林面积 80 亩，四旁零星植树折合 2 亩。2003—2016 年，梁堡村对所有荒山荒沟进行了绿化，真正实现了“水不下山，泥不出沟”的治理目标。退耕还林既改善了梁堡村的生态环境，又防止了水土流失。退耕后林草覆盖地表，生长茂盛，既调节了气候，也在夏季抑制了剧烈的气候变化。

退耕还林改变了小气候。20 世纪 80—90 年代，梁堡村夏秋多发雷阵雨，山洪冲刷耕地，山洪过后沟掌塌陷，山坡冲出无数沟壕，耕地表面熟土全被冲光，如遇冰雹庄稼不是绝收就是减产。21 世纪初退耕还林以来，每年雷阵雨发生次数大大减少，近 10 年全村未出现过一次冰雹，即便有山洪，山中水土流失也非常小。

退耕还林涵养了水源。退耕还林前，梁堡村几条沟中的山泉每年遇到干旱或到夏季，泉眼明显减少，有水的泉眼出水量也大大减少。每个庄头沟中的泉眼水，在夏季或干旱季节，都不能满足该庄的人畜饮水。退耕还林后植被恢复，水源得到保护，每个沟中的泉水常年不断地涌出，梁家岔沟、大仚梁沟、水草沟的 3 个泉眼喷涌出的水柱达 10 厘米高。

退耕还林使野生动物逐年增多。退耕还林（草）工程实施后，人们野外活动减少，山野中树木、野草生长旺盛，山中野生动物逐年增多。原先很少见到的野猪、野兔在山坳里随处可见，野鸡（锦鸡）成群结队，黄鼬的增多有效地抑制了山中鼠害。当地绝迹多年的狐狸时有出没，一些鸟类在当地繁殖活动的种类数量越来越多。

退耕还林使野生中草药恢复生机。梁堡是山坡丘陵地形，有山坡、沟滩、地埂，地形较复杂，适宜于野生中草药生长。退耕还林（草）前，境内除极少数山坡因坡度大无法耕种外，其余土地全部开垦种植粮食，少量山坡、地埂被牛羊啃食无数遍，原先生长的一些中草药几近绝迹。实施退耕还林（草）十多年来，政府实行封山禁牧政策，山中植被恢复很快。原来几乎绝迹的秦艽、柴胡、甘草、麻黄、黄连等十几种中草药不但生长快且逐年增多。南岔梁和北山梁几乎绝迹的山丹花，近几年生长较多。当地特产地椒（属百里香）由于山中植被恢复，也比原来生长茂盛。

退耕还林后所产生的经济效益十分显著。梁堡村大面积种植紫花苜蓿从根本上解决了大牲畜和羊只圈养的饲草困难，牛羊饲养量和存栏量逐年增加，既增加了农家有机肥，又产生了很好的经济效益。全村退耕农户养牛多的 3~4 头，最少的也有 1 头。羊只圈养从 3~4 只到 10 只不等，大多出售羊羔，农户每年羊只收益最多在 0.8 万元以上。退耕地种植的紫花苜蓿农户除喂养牲畜外，其余出售给饲草加工企业。苜蓿每亩可收入 400 元左右，全村种植紫花苜蓿共计 728.8 亩，每年可收入 29.2 万元以上，人均收入每年增加 400 元左右。退耕地栽种的山杏，有时因春季气候变化大，开花时易受寒流霜冻等低温天气影响，造成绝产。正常气候下，杏子成熟丰收，每年仅出售杏干、杏核就可给退耕农户增加收入。退耕地栽种的山桃、柠条现已成熟多年，山桃核、柠条籽每年都可出售。2011 年以来，收购价格大涨，山桃核每千克 2.4 元，柠条籽每千克 3.6 元以上。山桃核、柠条籽出售后总收入达 2000 元，2011 年全村农户最少收入

退耕还林（2016 年）

也有数百元以上。

退耕还林产生了很好的社会效益，农民种粮面积减少，原先每户种地几十亩，退耕后最多种十亩左右。退耕把广大青壮年劳动力从田间解放了出来，这些人大搞劳务输出，走出家门打工挣钱，妇女也在当地短期打工或去新疆摘棉花挣钱。如今出外打工的青壮年劳力占全村劳力的 90 % 以上，大工年每人收入达 3.6 万元以上，小工年每人收入达 1.8 万元。劳务输出有的举家外出打工，孩子在外地上学；有的在打工地租房居住；有的则买下房子定居在打工地，一般每年暑期回家收割麦子、苜蓿，采摘杏子、山桃等退耕地产品，春节回家团聚一次，春节过后又出外打工。

截至 2007 年 9 月 10 日国务院发出通知，要求完善退耕还林政策，全村累计退耕还林达 1593 亩，占总耕地亩的 85.9 %；全村 93.1 % 的坡耕地被改造为田、林、路、渠基本配套的优质梯田。

林木管护　新中国成立前，梁堡村内林木处于野火焚烧、随意砍伐、畜牧堪虞状态。政府未制定出行之有效的措施，无意保护。新中国成立后，国家制定“普遍护林，重点护林”的政策，村上随之出台护林公约，制止乱砍滥伐。1958 年“大炼钢铁”，村内林木破坏严重。1962 年，梁堡村重申护林制度，加强管理。1963 年开始，各生产队派 1 名专职护林员，实施保护林木，起到了一定的作用。1965 年，大队推出“保护林木、人人有责、护林光荣、毁林可耻”的宣传教育，公私林木都必须加以保护，任何人不得随意砍伐，并严明奖惩制度。1966 年，各生产队没收社员自留树，挫伤了社员护林的积极性，毁林现象又有抬头。

1980 年后，梁堡村按照县人民政府颁发的关于林业管理办法，对毁林者严肃处理，雇用专管人员护林，并每年支付报酬，给予补贴。1988 年，组织群众进行《中华人民共和国森林法》教育，要求每个公民按照政策管护林木。1994 年，宣传县人民政府林木管理规定，对村民进行护林政策教育。1995—2016 年，提倡“三分造，七分管”，坚持使用权、收益权、继承权政策，鼓励村民植树造林，使林木管护政策家喻户晓，人人皆知，林木管护得到了重视和加强。其间，自 2003 年开始，按照自治区人民政府制定的封山禁牧政策，牛羊等牲畜一律进行圈养，禁止上山放牧。经过反复的宣传教育，广大农民认识到封山禁牧对保护和改善生态环境的好处，绝大多数饲养户都能自觉地遵守国家政策，实施了圈养牛羊。经过多年封山禁牧，梁堡村植被迅速恢复，野生动植物逐年增多，生态环境逐年好转。如今，呈现在人们眼前的是山坡底林草茂密穿靴，山顶桃花、杏花戴帽，山腰绿油油的各种农作物怀中抱。荒沟植被茂盛，沟中流水四季常清，山中山鸡、野兔随处可见。农民有更多的时间外出打工，增加收入。和 10 年前相比，梁堡村自然环境和面貌发生了根本性的变化。

树木病虫害防治 梁堡村树木病害主要有褐斑病、腐烂病、黄叶病、白粉病、小叶病等；虫害主要有黄斑星天牛、白杨透翅蛾、青杨天牛、桃小食心虫、梨星毛虫、顶卷叶蛾、铜绿金龟子、天墓毛虫、蚜虫、吉丁虫、苹果红蛛蛛、鼠类等。防治工作自 1970 年开始，采用人工捕捉天牛成虫、砸卵、药泥堵虫孔、砍伐部分受害严重树木和喷药措施，但效果不明显，病虫害一直延续。1980 年后，开始化学药剂防治，并对公路两旁成材的杨树全部砍伐，更新品种，彻底根除天牛的危害。鼠害以投放毒鼠药饵进行防治。1994 年后，县林业部门制定《果树病虫害防治方案》，派林木病虫害防治站工作人员，与果农协作，适时防治，使病虫害受灾面积降低。1995—2016 年，按照县林业部门《防治规划》，在发生病虫害后，采取喷洒农药、集中连片防治的办法，发生多少，防治多少，并与林业技术人员签订技术合同进行承包，对林木病虫害防治工作由林业技术工作人员跟踪服务治理，基本控制了病源和虫源的危害。

果园建设

梁堡村野生果树品种极少，多为人工栽种品种。20 世纪 70 年代以前，村里仅有杏、梨、桃、核桃、海棠等。20 世纪 70 年代后期，政府逐渐引进外地果树品种，人们开始栽种各种果树。梁堡村一队、二队、三队都有自己的果园。最早栽种的是毛桃、核桃、杏、苹果等果树，每家每户在自家庭院栽种 4~5 棵苹果树，栽种的品种有黄元帅、国光等，但由于成熟早晚不一，产量不高，加之农民不懂得修剪技术，任由果树生长，挂果率小。1980 年后，果园被毁。近年来，村民尝试栽种耐寒、对树枝修建要求不高的树种，主要有山杏、苹果、李子、桃、毛桃、核桃、梨等。

山杏　由于山杏耐干旱、耐严寒，适应性极强，梁堡村广为栽种，又引进仁用杏、肉用杏等新品种。杏肉干、杏核成为当地农民一大收入来源。山杏过去当地有些农户种植数量大，一般麦收后成熟。

苹果　大多种于 20 世纪 90 年代，品种多为红元帅、黄元帅、国光等老品种，由于气候原因，且绝大多数村民不会施肥、修剪，树龄老化，现在多数农户挖掉或弃之不管。

李子　多以山杏做砧木嫁接繁育。20 世纪 80 年代以前，梁堡村嫁接的李子树很少，少数嫁接的李子树也是老品种，个头小，味道差。

桃　20 世纪 60 年代栽种老品种桃树，一般要等五六年才结果，果实个头小，口感差，树龄易老化。20 世纪 90 年代后，通过政府发放、市场购买桃树苗等方式，如今只有少量的农户种植。

毛桃　进入 21 世纪，国家实行退耕还林（草）工程，人们在退耕后的土坡上种满了毛桃树。它外皮酸涩，一般不食用。果实成熟后采收，除去肉，取出核，晒干。桃仁药用价值高，具有活血祛瘀、润肠通便、止咳平喘的功效。这也是当地群众的主要经济来源。

核桃　梁堡村种植的核桃树都是从外地引进的品种，每户多则三五棵，少则一两棵，果实多自家食用。

梨　长期以来种植的老品种，俗称化心梨。秋收冬藏，新鲜时黄中泛青，贮藏后变黑，酸中带甜，具有润肺止咳、凉心消痰、降火、解疮毒、酒毒等功效。其丰产性好、商品售出率高，树体抗逆性强，抗寒、耐瘠薄。之后引进苹果梨、库尔勒香梨等品种，现有少量种植，多供自家食用。

◉ 农业经济

梁堡村以山地、丘陵和坡地为主，耕地面积 2137.3 亩，人均耕地 2.9 亩，水浇地 580 亩，干旱少雨，资源缺乏，自然环境制约了当地经济的发展，主要经济来源靠耕种田地和外出务工，村民生活处在贫困之中。1972 年年初，国务院召开“宁夏固原地区工作座谈会”，拉开了宁夏南部山区扶贫开发工作的序幕，几十年的脱贫致富攻坚，使梁堡村农业经济无论从农业体制变革方面，还是农业种植业与养殖业结构方面都有了很大发展。

农业体制变革

新中国成立后，梁堡村经过土地所有制、互助合作制、初级社、高级社、人民公社化到家庭联产承包责任制等一系列农业大变革，生产体制趋于合理，逐步形成现在的格局。

私有制时期 中国两千多年的封建社会时期，梁堡村主要以封建土地私有制的小农经济为主，土地归私人所有，以户为单位进行生产经营。民国时期，中上等耕地大部分掌握在富裕户手中。农民分自耕农和半自耕农，上中等之家全靠雇农、佃农，自己很少耕作。自耕农全年所产粮食，除食用外，上缴国税杂款尚且不够；半自耕农除耕种收获外，还从事工商业；雇农生活更苦，每人每年身价最高不过 30 元，最低 10 元，普遍 20 元，正月十五上工，腊月十五完工，食宿由雇主供给。

土地改革时期 1951 年 10 月，梁堡村开始土地改革运动，至 1954 年 3 月，全村实现了“耕者有其田”，农民获得了自主经营的权利。按 1947—1949 年全村农户生产资料占有情况及生产经营方式划分阶级成分。村里自报公议，三榜定案，上报审批，分为雇农、贫农、下中农、上中农、富农、地主等。全村共 58 户，划分富农 2 户、上中农 4 户、下中农 50 户、贫农 2 户。至 1951 年 9 月，减租减息实行“二五”原则，全村共减租 20 石（折合 1000 千克），银圆 1200 元。土改后，集体没收了地主、富农的土地、牲畜、羊只、农具、粮食及其多余房屋、庄基场面等。全村共收缴农具 22 件、耕畜 4 头、各种家具 18 件院落 1 处、房屋 9 间，分配给贫、雇农。随之进行土地复查，废除了农民所欠地主、富农的一切债务，并颁发土地证和房产证，确认其所有权。富农和贫下中农分得同样的土地和生产资料，保护了富农经济。梁堡村彻底废除了封建土地制度，实

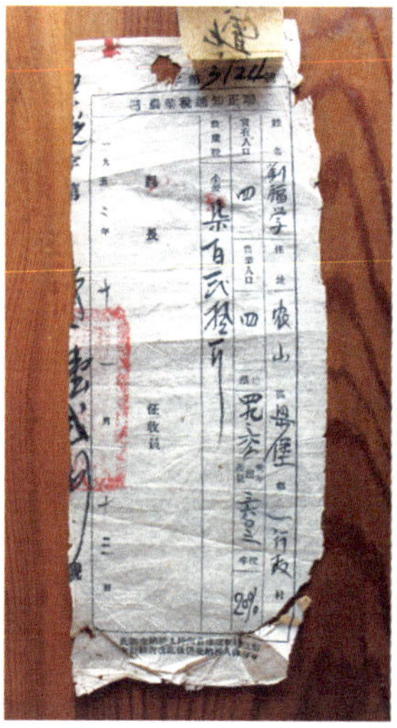

1952 年的农业税通知正联

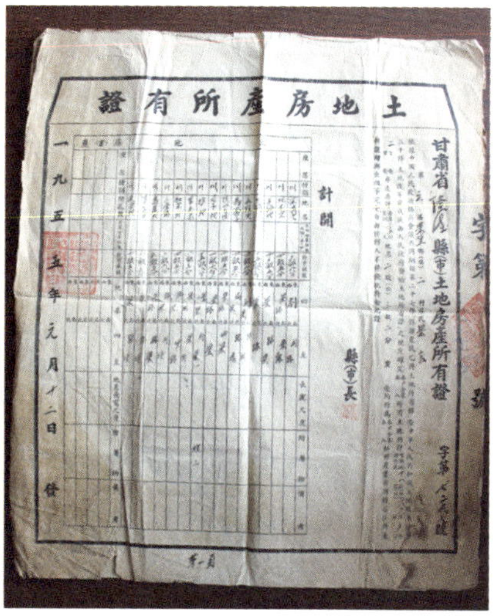

土地房產所有證

1955 年的土地房产所有证

现了耕者有其田的日子。

合作化互助组时期　1952 年 7 月，在变工队的基础上，由村民自发组合临时性互助组、长年互助组，一般平均 2 户联合为一组。在春耕、夏收、秋耕、冬碾等季节性农活中，互相帮工换工，调解耕畜劳力之不足，在一定程度上促进了个体农业经济的均衡发展。1953 年，缺乏牲畜和生产工具的农户自愿联合劳力、畜力、生产工具、农业技术、生产计划和组织制度上的互助组，管理形式有自愿结合、等价交换、民主管理 3 种。自愿结合一般是按地利、人员关系，经男女组员充分酝酿后组织起来；等价交换一般按劳动态度、生产能力、耕作技术、人力、畜力等条件评分记工，男女同酬，按时清工价；民主管理一般以人人参与、大事共议、民主决定各项农业生产等制度；互助组在乡、村干部和互助组长的带领下，开展防旱抗旱和爱国增产的群众性劳动，不断提高农户在土改基础上发展农业生产的积极性。

初级农业生产合作社时期　1955 年梁堡村在互助组的基础上办农业合作社。社员的土地、牲畜折价入股分红，大型农具折价入社，小农具自带自用，男女同工同酬，按劳计工，年终分红。肥料一般按土地、劳力、牲畜所分得的粮食摊派，按社员实交肥料比对数量后长退短补，并按上、中、下肥料等级折算；籽种对当年借用社员的全部归还，借啥种还啥种，社里统一留足下年所需籽种，全部分配到社员名下保管；在筹股份基金时由社员向社投资，分配时扣除；公共积累中，公积金一般为 3%~4%、公益金为 0.5%~0.7%；管理费一般按当年实际支付数提取，不超过总收入的 1%；股份基金一般按入社土地股份摊派；柴草柴衣一般给养畜户，多分饲草，少分柴衣；公粮在分配中扣除，上缴国家的公购粮，按各户实际分给的粮数划分余缺，由社统一送缴。初级社一般由一两个自然村头庄院组建，全村 1956 年建起 4 个初级农业社，每个初级社都有自己的名称，行政建制仍以村为单位。

高级农业社时期 1956 年贯彻中共中央《关于农业合作化问题的决议》，加快步伐转社并社，普建高级社。1956 年 9 月，梁堡全村进入高级农业合作社，社员转入高级社的土地一般取消报酬，归全社集体所有。农户自留地数量每户只留 2~3 亩菜地，不超过全社人均土地的 5% ，草地随耕畜入社；农户典当社外土地，在入社时与出典当户协商处理，社员原代管亲房的土地，同时取消报酬，转由社代管；合作社租种公地继续按以前规定租额向国家交租；原互助组开的公荒地或私荒地，均取消报酬，归社所有。耕畜、羊只一律折价归社，畜价按正常市价由社员民主评定，对怀驹的母畜适当多评价款，所生幼畜归社所有；耕畜折价后，所需饲草、饲料采取摊派生产股份基金的办法解决；羊只入社合圈，统一采取公养，由社抽劳力小群放牧，肥料归社；公羊、母羊、羔羊和所有的羊毛由合作社与原社员各按 50%比例分红，其他羊只社员分红占 30%。大马车和新式农具一律折价入社，旧式中型农具公用、公修，小农具自供、自用、自修。对社员大片及地埂上零星树木不折价入社，住宅和坟地上零星树木仍归社员；果园以果树种类、产量分类折价入社，或以比例分红，逐渐转为公有。已摊派生产股份基金，按初级社时的标准不再变动，直接转入高级社基金；公用股份基金，一般按劳力分摊，也可按土地、劳力比例分摊；耕畜饲草、饲料所需股份基金，按社员劳力分摊；肥料按初级社摊派比例不变，高级社给每个社员摊派一定的积肥任务，在分配时进行决算。原初级社贷款，转入高级社以后从每年收入中归还。高级社初期，梁堡村安排劳动时以小包工、季节包工和全年包工形式分配给固定作业组。由组包干生产，不久又推行包工、包产、包财务制度，至 1957 年，“升级并社”走完农业合作化制度的改革。

人民公社时期 1958 年中共中央发布《关于在农村建立人民公社问题的决议》，奠安、梁堡乡合并，成立前锋人民公社，改高级社为生产大队，改作业组为生产小队。开展大办地方工业、大办公共食堂、大炼钢铁、大办水利等运动。1958 年 8 月，梁堡全大队办成公共食堂 3 处，社员全部在食堂吃饭；随之出现燃料浪费和个别多吃多占现象，使梁堡村农业生产遭受巨大损失。1959 年春，食堂实行“低标准、瓜菜代”，人们出现大规模浮肿、黑黄病，无力干活，更加重了农业生产衰退，粮食减产，牲畜死亡，农村一片萧条景象。1961 年春，梁堡村公共食堂解散，由生产队发给社员口粮，社员在自家开灶。1962 年，中共中央《农业六十条》明确规定："三级所有，队为基础"，梁堡村确定以大队为核算单位，以维护集体利益、克服平均主义为基本原则，大队经营管理主要有生产计划管理、劳动管理、财务管理、物资管理和收益分配。由于社员生活困难，部分社员私自小片开荒种粮。鉴于这种情况，按照文件精神要求，重新给社员按人口划分自留地；允许社员饲养少量大牲畜、羊，恢复集市交易；允许开展家庭副业生产；允许农民自己出售多余的产品。推行生产责任制，生产队按劳分配口粮。分配实行基本口粮加按劳分配，比例占三七、四六、五五开，这样农民有了生产积极性，集市活跃，农村又显一派生机景象。1962 年后半年开始"社教运动"，查整大队、生产队大小干部，有时会停下农活专搞运动。这种运动到"文化大革命"时尤为突出，严重影响了农业生产。1968 年，梁堡村以大队为核算单位，将社员自留地、自留羊、自留树全部收回到生产队，制止社员搞临时性家庭副业。1971—1973 年，梁堡村开展"农业学大寨"，以大队为单位，抽出精壮青年男女劳力，组成常年修梯田专业队，大搞农田基本建设。村里组织梁堡大队青壮劳力兴修水利基建队，也参与了奠安人民公社的打坝任务，梁堡坝于 1975 年 10 月竣工。

1977—1978 年，在大搞农田基本建设和农业生产的同时，梁堡村人民公社集体化形式开始改变。

家庭联产承包责任制　1980 年，梁堡村农村经济体制改革全面铺开，尤其是中共十一届三中全会后，扩大生产自主权，允许社员因地制宜地选择不同的生产方式和采取不同的分配方案。生产队试行的生产经营方式有小段包工、定额计酬、联产计酬、联产到劳、专业承包、包工到组等。全大队划分成 9 个作业组，把劳力、土地、耕畜、农具固定后，实行定工、定产、定费用、超产奖励等制度，在四固定基础上以产量计工，生产计划由生产大队统一和分配；上缴公粮、集体提留、各项集体用工负担由作业组进行分配，小宗面积作物定产到田、责任到户到人。生产队根据改土、育苗、村庄基地、基本建设等情况留少量土地，实行小包干到户。1981 年，生产队集体所有土地按各户人口、劳动力状况，以人七劳三、山川肥瘠合理搭配的办法划分到社员户，长期不变；生产队和社员户签订承包合同，按土地亩数负担农业税和缴纳集体提留，但不能买卖土地，土地权属集体所有。土地按好、中、差划分，个人承包亩数按每亩产量确定，基本每人可承包 3 亩左右口粮田、2 亩左右林草地。生产队原先所欠外债按承包土地划分到户，由

1980 年以后的村民证卡

农民个人向信用社归还。农民按承包土地面积缴纳公粮，向大队上缴承包费。在承包责任制过程中，大队和生产队主要巩固集体已形成的生产设施，遵守“不准买卖土地、树木、耕畜和集体财产”等原则。将大牲畜、羊只及按人口所应分钱数计算出每户应分的牲畜、羊只合理折价，固定到户，保本繁殖分成；大型农具由各生产队实行专人负责管理，小型农具随牲畜逐个折价处理到户；林地、林场、果园由集体统一经营，专业户承包；零星树木折价固定到户，所有权归队，成材后按比例分成；农田建设任务由各队统一规划，分配到户，改土补助款按完成情况分配；合作医疗站责任到人，保本增值分成；代销店人员报酬可按零售收取手续费；农副产品交售、公共提留、农田基建、义务工等按有关规定签订合同；林牧场和水利设施、大型农机的经营管理参照上级部门提出的意见执行；大队、生产队干部及各类管理人员定员后，提留现金和粮食补贴，并多划机动地自家耕种，作为报酬；为照顾军属、烈属、五保户生活及其他公益事业，预备部分提留和机动土地。1982 年年底，梁堡村全面完成各生产队包干到户的农村体制改革，村民生产积极性十分高涨，农、林、牧、副各业兴起。1983 年 11 月 2 日，按照上级统一部署，梁堡村将原大队改称村民委员会，生产队改为村民小组。至此，梁堡村公社化后长期实行的劳动报酬平均主义和一大二公、政社合一制度彻底得到改制，农业生产发展不断步入科学化轨道。

1984—1985 年，随着人口的增长，按照中央“大稳定、小调整”的原则，继续完善联产承包责任制，耕地承包期延长至 30 年。村组班子成员进行清理现有集体财产，将农副产品加工和运输机械作价变卖，集体房屋留作村委会办公室、文化室之用；处理统与分的关系，建立健全承包合同制，帮助村民在家庭经营的基础上，扩大生产规模，提高经济效益；有一技之长的村民从事多种经营，增加个人收入。

1986—1998 年，梁堡村建立农产品成本和家庭经济效益监测机制，不断完善各类农业承包合同，指导农户调整农作物种植结构，并认真落实第二轮家庭联产土地承包政策，以村民小组农业生产合作社为单位，采取先收回迁出、农转非、招工招干、大中专毕业生分配等减少人口的承包土地，然后以出定人，全村将收回的土地合理调整给无承包地的人口。村民委员会与农户签订承包合同，发放土地经营权证书和承包合同书。

1980 年，梁堡村实行家庭联产承包责任制，放宽农村经济政策，给农业生产和农民生活注入新的活力，村民逐步摆脱贫困，解决了温饱问题。通过经济调查，1985 年，全村 155 户，560 人，有劳动力 310 人；全年总收入 14.56 万元，人均纯收入 260 元。人均有粮 320 千克，出售肥猪 1 头、禽蛋 1.6 千克。1990 年，全村 167 户，594 人，有劳动力 334 人；全年总收入 52.87 万元，人均纯收入 890 元。2000 年，全村 197 户,660 人，全年总收入 81.44 万元，人均有粮 500 千克，人均纯收入 1234 元。2011 年，全村 243 户，758 人，有劳动力 394 人；全年总收入 202.92 万元，人均收入 2677 元。2015 年，全村 219 户，737 人，全年总收入 414.56 万元，人均纯收入 5625 元。

农业结构　从农业区域上来看，梁堡村域地形复杂，农业生产条件较差。1982 年，依据《隆德县农业区划》，将全村土地划分为河谷经济作物区和干旱山区粮油作物两大区域。河谷经济作物区分布于河谷一、二级川台地带，均为川地条田，耕地面积 584 亩，占总耕地面积的 30.9%，人均 0.8 亩。区内地势较低，海拔在 1802~1830 米之间，土壤以黄绵土为主，土层厚，质地好，阶地平坦肥沃，水源较丰，灌溉条件比较便利，复种指数大于 110，加之村民有耕精细作的习惯，是粮食、蔬菜、果树等经济作物种植的高产区。干旱山区粮油作物区分布于南北两山，属丘陵沟壑地带，均为山地梯田，耕地面积 1348 亩，占总耕地面积的 69.1%，人均 2.1 亩；区内沟壑纵横，梁峁起伏，海拔在 1825~2042 米之间，土壤以黄、麻、黑、红分布，土质绵，易耕作，适宜粮食作物和油料作物的种植，是主要产粮区。

20 世纪 50 年代，梁堡村农业占 93.7%，林业及畜牧业占 6.3%；60 年代农业占 89.9%，其他各业占 10.1%；70 年代农业占 84.5%，其他占 15.5%。联产承包责任制后，农民有了生产自主权，农业种植结构不断调整，从单一种植粮逐渐转变为多种经营，盈余粮可转换为商品交易。1980 年，土地利用面积 5096 亩，用于种植业、林业、畜牧业的比例为 7.22∶1.38∶1.40。1985 年，三项用地面积 5070 亩，比例分别为 6.28∶1.94∶1.78。1990 年，农业生产基础条件进一步改善，梯田面积、有效灌溉面积有所增加，三项用地面积 4800 余亩，比例分别为 6∶2∶2。2000—2016 年，农业科技推广、结构调整、产业化经营等方面有较大发展，用地面积 4700 余亩，三项比例分别为 5.8∶2.2∶2。随着商品经济和市场对资源的配置，种植结构更趋合理，优质小麦、玉米、加工型马铃薯、精细油料等发展较快，夏粮压缩，秋粮增加，跳出“就粮食抓粮食、就农业抓农业”的圈子，用工业化思维谋划农业，加快向标准化、特色化、产业化农业推进步伐。

作物种植 梁堡村境内山脉呈东西走向，海拔在 1800~2055 米之间，地形多样，既有山地，又有河谷川道。根据这一特点，在长期的农耕实践中，村民以种秋粮为主，间作夏粮。近几十年来，随着气候的逐渐变暖，梁堡村开始大面积种植冬小麦。

夏粮作物主要有冬小麦、春麦、豌豆、扁豆、黑豆、胡麻等。

秋收作物主要有莜麦、大麦、燕麦、玉米、马铃薯、谷子、苦荞、荞麦、糜子等。

油料作物主要有胡麻、芝麻草、油菜、葵花等。

糖料有红甜菜、白甜菜。

蔬菜主要有番茄、茄子、辣椒、菜豆角、菠菜、芹菜、萝卜、白菜、大葱、大蒜（红、白蒜）、韭菜、胡萝卜、黄花、芥菜、瓠子、黄瓜、豇豆、茼蒿、蔓菁、甘蓝、水萝卜、白刀豆、黑刀豆等。野生菜有刺椿、苦苣、灰菜、小蒜等。

饲草主要有紫花苜蓿、高粱、燕麦、沙打旺、红豆草等。

梁堡村各种农作物播种收获期。冬小麦一般在白露前后播种（农历七月下旬或八月上旬），农谚曰：“七月白露过白露，八月白露耕白露。”越冬后第二年夏季入伏前收割，生长期为 320~330 天。

豌豆、扁豆、春麦在春季惊蛰后播种。一般先扁豆后春麦，豌豆从惊蛰到清明都可播种。豌豆、扁豆在头伏收割，生长期约 140 天；春麦在三伏收割，生长期为 150 天。

莜麦（小燕麦）胡麻、黄豆、大燕麦一般清明前后播种（农历三月中旬），在秋伏前后（农历六月下旬到七月上旬）收获，生长期约 140 天。

玉米在立夏前播种，白露后收割，生长期约为 150 天。马铃薯在立夏前后播种，白露后收获，生长期为 150~160 天。

谷子在清明前后播种，糜子在立夏至小满前播种，白露后收割，生长期约 150 天。

荞麦、苦荞在夏至前后（农历五月中旬）播种，霜降前收割，生长期约 100 天。

此外，梁堡村还种植向日葵、60 天熟糜子、洋麦、菜籽等，种植面积都不大。

农技

梁堡村村民一直十分重视科学种田，通过栽培技术、合理施肥，提高粮食产量，主要做法有轮作倒茬、间作套种、马铃薯坑种、地膜种植等。

轮作倒茬　在传统自然农耕条件下，耕作重心主要围绕“土”做文章，诸如伏耕、秋播轮作倒茬，打碾耱压，松土保墒，培养地力等。除合理倒茬和部分地轮歇外，主要遵循“一耕二种三上粪”的原则，以冬小麦、薯类种植为主，倒茬用豆类和其他秋杂粮轮作。

间作套种　多用于秋粮作物小块点种。1949 年以前，村内多为薯类与蔬菜间作或玉米与豆类间作。1958 年，村内大面积推广间作套种，以马铃薯与蔬菜（萝卜、白菜、花盖、甜菜等）套种。1988 年，村内推广示范性小麦套种 30 亩，其中小麦亩产 300 千克，玉米亩产 200 千克，套种平均亩产比同等条件下小麦增产 20%、玉米增产 18%。1989 年，马铃薯套种玉米 15 亩，马铃薯平均亩产 1600 千克，同等管理条件下增产 21%，玉米亩产 250 千克，同等管理条件下增产 25%。1990 年后，套种形式有小麦套种玉米、小麦套种马铃薯、玉米套种豆类，对照同等条件下的单项作物，一般亩产增产 20% 以上。

马铃薯坑种，马铃薯早期为“三锨深翻，整薯点种”栽培法。1968 年后，改为“整薯点种，取薯留芽”法。1981 年开始坑种 100 亩，每亩 1500~2000 坑。施农家肥 2000 千克左右，尿素 18 千克左右，磷肥 25 千克左右，坑内集中施肥，整数点种，亩茎数 8000 株以上，培土压蔓 2~3 次，使腋芽形成葡萄茎，增加结薯层，一般亩产增加 35% 以上。1991 年以后，坑种虽然有提高产量作用，但种植工序多，劳动力投入大，村民种植面积不多。

地膜种植　自 1990 年开始，梁堡村先后推广侧膜小麦、穴播小麦、地膜玉米、地膜马铃薯、地膜蔬菜等地膜种植，当年使用，当年增产见效，亩产量明显提高。农民很快认识到地膜既能保墒抗旱，又可保持地面温度，利于种子发芽、禾苗增长，对整个植物的生长期都有作用，增产效果显著。地膜小麦种植虽然增产，但因需要专门的覆膜播种机械，作物收获后地膜不易清理，所以农户所用穴播小麦和侧膜小麦很少。2010 年，政府推广宽膜种植玉米，膜宽盖地宽，两行之间很少有土地露出膜外，保墒效果比窄膜更好。覆膜形式也跟窄膜不一样，一块膜覆好后，中间隆起，两边有两行小沟，玉

春播忙（2013 年） 柳锐卿 摄

米种在小沟内，保墒积水效果比窄膜更好，宽膜推广后农民全部改用宽膜种植玉米、马铃薯。2010 年后，又推行秋膜覆盖技术，秋覆膜后，来年春季点种，既保墒又增产。2015—2016 年，全村平均每年种植地膜玉米 210 亩、地膜马铃薯 160 亩。

耕作技术 1949 年以前，土地耕作沿用二牛抬杠的传统习惯，广种薄收，称为“薄田出大地”。1950—1957 年，村内推广土壤深翻与改良，利用农闲季节打地面胡基、整压板结块过冬。1958—1968 年，提出“翻得越深，产量越高”等口号，一般以人工锨翻和畜力套耕为主。1969—1975 年，开始使用拖拉机耕地，讲究人、机、畜多种方式深翻土地。夏收时，边收割边耕地，中小型拖拉机进入大块地深翻，组织精壮劳力用铁锨和畜力深翻小块地和山地，但由于片面要求深耕，没有把握好尺度，将地面肥土压埋，死土翻到地面，地肥力不足，导致出苗不全造成减产。1980 年后，机械化作业逐步减少，农户饲养的畜力数量增加，采用山川步犁耕地，耕地深度一般在 16 厘米，既对疏松土壤和提高肥力起到作用，又对田间杂草的蔓延得到有效控制。

合理施肥 20 世纪 50—60 年代，农家肥主要以人和畜禽粪尿为上等，兼用各类柴草灰、炕土、陈旧墙体、地埂土、油渣和腐渣质等土肥。全体社员大搞积肥运动，推广“三湾烟囱”积肥法，将骡马粪过滤积肥、羊圈上山、精肥上山、厕所盖顶、人尿粪与炕灰分开解决运肥困难。根据农作物的分布，要求山地每亩施土肥 500 千克，川地每亩施肥 800 千克来提高利用率。化肥有尿素、磷酸二铵、磷酸二氢钾、硝铵、氮磷钾复合肥等，村民根据不同作物的特性进行合理施肥。

农技推广　1950—1972 年，梁堡村内无专门的农业技术推广机构，由县、公社农业技术员指导和宣传新技术。1972 年 3 月，梁堡村设立了农技推广站，试验田选在一队、二队、三队的川地，共计 12 亩。按固原地区“四级农科网”的要求，相继组织农业技术科学试验示范。主要对小麦、玉米、谷子、马铃薯的播种时间、种植密度、施肥量进行试验；其次对引进新品种的适应性、小麦和玉米的套种、马铃薯实生苗的培育等进行试验，还对小麦杂交品种进行探索试验。村里购置了手摇喷粉器、喷雾器各 3 台，承担全大队小麦病虫害的防治。1977 年，农技推广站停办。

农具　梁堡村传统生产农具主要有纺车、风车、架子车、鞍子、梿 、犁、套绳、耱、木耧、石磙、碌碡、连枷、扬杈、木锨、铁锨、耙、镰刀、盘笼、驮筐、扁担、驮桶、担桶、镢铲等。

农机　梁堡村现代农业机械主要有大、中、小型拖拉机，可运输、耕地、播种等。手扶拖拉机带动翻转双向犁耕地；拖拉机牵引旋耕机，打碎田地里的土块、松土、翻茬地等；拖拉机牵引小型播种机播小麦、胡麻、莜麦等作物。粉碎机专门粉碎农作物秸

农具（2016 年）

秆、颗粒粮食等；割草机收割牧草（苜蓿）、小麦等粮食作物；铡草机铡青草、玉米秆等，碾米机用来碾糜子、谷子等，脱去糜、谷外壳皮；磨面机加工各种粮食；榨油机可生榨熟榨胡麻等油料；抽水机用于井窖往上抽水；脱粒机专门脱玉米粒；喷雾器用于果树、粮食作物喷洒各种农药。现代化农业机械的大量使用，大大提高了劳动效率，减轻了村民的体力负担，使农业生产迈上了一个新台阶，也降低了村民的生产成本，提高了村民的经济收入。

家畜家禽养殖

1949年以前梁堡村以农业为主，农户饲养少量家畜家禽，主要有牛、驴、骡、马、羊、猪、鸡、狗、蜂等。1947年，全村养马5匹、骡7头、驴8头、牛6头、羊42只、猪34头、鸡130只。新中国成立后，政府重视畜牧业发展，1985年，全村大家畜共计216头，猪386头；1990年，大家畜存栏221头，猪392头；1995年，大家畜存栏227头，猪398头；2000年，大家畜存栏234头，猪405头；2006年，大家畜存栏238头，猪412头；2016年，大家畜存栏245头，猪417头。

家畜家禽的改良

马　1962—1974年，梁堡村先后引进河曲种马与本地传统蒙古马进行杂交改良。河曲马体型高大，背腰平直，四肢中等高，韧带筋健发育好，毛色以青、栗为主，性情温顺、气质平稳、拉力强大、持久耐劳，适应多变气候，夏秋季上膘快，冬春季减膘慢，善行泥潭且抗病能力强，农户喜饲养，村内饲养量平均5匹；1978—2016年，饲养量年均为10匹。

骡　分驴骡和马骡两类。骡体壮力大，寿命长（一般在20年以上），灵活，易驯服，长途驮用载重量多，行走快。

驴　梁堡村农业主要使役的牲畜之一，特点是灵活、多用、温驯、耐劳、易养，能干各种农活。1973—1980年，先后引进关中驴15头，由生产队集体饲养。实行承包责任制后，折价分配给农户家庭饲养。1985年，全村驴饲养量为31头，1990年饲养量为32头，1995年饲养量为34头，2000年饲养量为37头。

牛　梁堡村以养土著蒙系黄牛为主，主要用于农耕生产。土著黄牛的特点是体格强健、力气大、耐性好、易饲养、性温顺、易调教。村内先后引进秦川牛、南阳牛、新疆牛等品种。2016年，依托国家扶贫项目，在村内建立养牛示范点16幢，投放基础母牛50头。至2016年年底，全村饲养量达112头，收入达33.6万元。

牛棚（2016年）

羊　梁堡村山羊、绵羊混养。原先放牧的绵羊、山羊全为本地土种，优点是性温顺、产仔率高，肉质鲜美、味香，缺点是体积小，产绒少。1983年，为解决羊群与田林争地的局面，大部分羊只被处理外地，村内年均饲养量只有40只左右。2003年，宁夏实行封山禁牧后，农民引进山东小尾寒羊，其特点是体形大，产肉率高，产羔多，每胎可生产2~4只，易饲养。

猪　梁堡村一直喂养土种黑猪，品种有“大八眉”“二八眉”等普通黑猪，土种黑猪对食物要求不高，易喂，耐寒冷。现在农民家中喂养的猪多是土猪改良的新品种黑色“八开匠”，此猪肥肉多，体形大，最重可达150千克以上。20世纪90年代开始，温棚规模化养猪在梁堡村有4家，年均产猪仔120头以上，育肥猪常年存栏160头，每年出栏肥猪160头左右，年均收入42万元。

鸡　梁堡村农户饲养品种属固原鸡类型，为宁夏地方优良品种，属肉蛋兼用型。先后引进来杭鸡、澳洲黑、芦花鸡、九斤黄、罗曼鸡等品种，至2016年全村年均饲养量为1600只。

兔　梁堡村养有少量黑灰兔和白兔，先后引进西德长毛兔、獭兔及肉用兔饲养。1996—2016年，农户饲养獭兔以及肉用兔年均120只。

狗　原为看家护院而喂养，且适合与人相处，耐粗饲料，农户喜欢饲养。进入21世纪，狗作为观赏宠物被重视，品种有土种狗、牧羊犬、狮子狗、哈巴狗等。1978—2016年，村内农户喂养量年均100只左右。

蜂　养蜂技术历史悠久，村内养蜂十余家，主要以木制圆筒状和泥糊背斗为蜂窝，饲养传统中蜂（俗称老蜂或土蜂），因花草资源丰富，村内养蜂量达 30 窝左右，现继续发展。

饲草 主要有天然饲草和人工种植饲草。梁堡村山地多，沟大水源丰富，牧草旺盛，是村民牧养的理想之地。梁堡村牲畜可啃食的天然野草有 114 种，主要有冰草、芦子草、梭梭草、苔草、狗尾草、猪毛蒿、黄蒿、棉蓬、沙蒿、稗子、水草、地椒、野燕麦等。当地不但牧草种类多，而且生长旺盛，尤其生长在当地的特有牧草——地椒，牛、羊食后肉质鲜嫩、味美。

人工种植饲草主要有紫花苜蓿、红豆草、草燕麦、沙打旺、草高粱、草玉米，其中紫花苜蓿占种植牧草的 46%，可做夏、秋两季牲畜夜晚的青饲草。1980 年土地承包到户后，在生产队原有面积基础上，每家每户都扩大了种植面积，以适应承包后的家畜饲养。1982 年推广优质牧草沙打旺、红豆草。沙打旺为割、贮、牧型多年生草本植物，适口性好，营养丰富，可亩产草 800 千克。红豆草多年生牧草，根系发达，亩产草 250 千克。村民还种植草燕麦、草高粱（秫秫）。实行退耕还林后，农户在退耕地全部种上了紫花苜蓿，最多种植 10 亩左右，最少种植 5 亩左右。农户除刈割喂养牛羊外，剩余的苜蓿全部卖给牧草公司，种植苜蓿成为退耕户的一项主要经济收入来源。村民大量种植地膜玉米，玉米秸秆成为圈养牛羊的主要饲草。玉米秸秆青贮技术推广后，青贮的玉米秸秆营养丰富，牛羊喜吃，能节省大量的精饲料。

饲料 分为粗饲料和精饲料，按喂养方式分为干饲料、搅拌湿饲料。麦麸、豆渣、胡麻渣、谷糠、苦荞、大燕麦等营养不高或未加工的饲料都为粗饲料。其中苦荞、大燕麦、麦麸喂骡、马、驴较好，麦麸、豆渣、胡麻渣、谷糠适合喂养牛羊。精饲料以玉米、糜子、洋麦等为主，经过加工，内涵丰富的营养成分，粗纤维含量低，消化率高。干饲料是单独直接喂给牲畜或粗或细的饲料，不加水或草等。搅拌湿饲料是将玉米面、糜子面、麦麸、胡麻渣放到饲草中加上水搅拌均匀喂养牲畜。

家畜家禽疫病防治 梁堡村开展家禽、家畜防疫工作较早。从 1958 年起，多用民间兽医土方、验方治疗，村上配有专门兽医，与公社、县兽医站联络防治。对家畜家禽疫病以预防为主，防重于治，以检促防，综合防治。乡兽医站防疫员、村防疫员每年春秋两季对村内家畜家禽实施“三瘟一虫”（猪瘟、鸡瘟、兔瘟、家畜胃肠道线虫）免疫防治。

家畜家禽饲养管理 1952 年，村里严禁农户屠宰耕畜，保护耕牛和母羊。1956 年农业合作社建立后，耕畜折价入社，饲养由社成立饲养组，统一管理，分组喂养；牲畜集体饲养后，出现了缺饲草、圈棚小、饲养员少的情况，加上使用役畜制度不健全，牲畜瘦弱、死亡较普遍。1960—1977 年，牲畜饲养贯彻“五定三包一奖制”（五定即定人员、定牲畜、定时间、定肥料、定报酬；三包即包产、包工、包投资；一奖即奖励办法，以奖为主，完成一项奖一项，奖中有罚，开展月评季奖年总结活动），推行饲养管理责任制。1978—1979 年，开始选户分槽喂养，牲畜膘情有所好转。1980 年，农村联产承包责任制实行后，梁堡村对大家畜分类排队，按社员户经营土地的多少、劳力强弱适当搭配，折价固定到户，保本喂养使用，幼畜繁殖分成，并确定使用年限，逐步收回价款。1981—1982 年，私人养畜数量不限，由村民自行安排，集体牲畜全部打价包干到户，责、权、利相结合。1991 年后，以小畜禽起步，草食畜先行的原则，稳定发展猪、鸡养殖。1994 年，乡党委和村委会把发展畜牧业，特别是养猪业被列为发展村域经济的支柱产业之一，鼓励村民发展养猪，村内部分农户办起养殖场，增加家庭收入。1995—2016 年，梁堡村积极配合国家投资项目，部分农户建棚舍购置牲畜，村内养殖业得到了进一步发展。

◉ 商贸流通

梁堡村设立集市的历史十分久远。北宋年间，距古堡之南四里处，有一条十分繁华的街道，设集市摊（市场），当年的集市规模较大。古堡、街子上、集市摊（市场）、马套子等地名一直沿用至今。当时商贾云集，人头攒动，驼队和马帮穿行于古街过市，物资交流十分活跃。明清时期，逢农历三六九开集，周边的村民日常贸易多在梁堡市场。民国后期，梁堡集市迁至邸店镇，为农历二五八开集。

三大字号

明清时期，梁堡村因处在西安至兰州的商贸丝绸古道途经之处，孕育了万义昌、世德堂、福兴奎三家老字号药铺、商铺，往来于自陕西、甘肃等地的商贾药贩络绎不绝。村里刘姓人家的世德堂现保存着“济世堂记”的印章，刻有“隆邑南乡，梁家堡本街，坐南向北，药材老局，丸散具全，来者不悮”字样，可见当时济世堂药铺生意红火盛旺。

世德堂 有着近 400 年的历史，是梁堡村刘姓人于明朝中期创办。现存着坐北朝南的古建筑一座，占地面积 600 平方米。这座保存至今的四合院属于典型的明朝建筑风格，门楹上镶嵌着“世德堂”字样的牌匾。世德堂以行医为主，兼营药材生意、小手工业和商品贸易，在邸店镇、南湖镇、平凉等地都设有分店铺。半农半医，多在家中开方诊病，如有急症患者，则被请去病人家里治疗，家传接骨、正骨医术。堂主人不辞辛劳，对患者热忱服务，平易近人，方圆百余里口碑甚佳，声名远播。世德堂的后世子孙不断提升自身医术，结合现代医疗的先进技术，不断创新，秉承祖业，医术传承至今。

万义昌 明末清初创立的字号。明清时期，当地经商风气浓厚，农副产品涌入市场，农民家庭以自家生产的农产品去交易其他产品。商人群体活跃，再加上人们对于小商品的需求越来越大，在自给自足的自然经济基础上，小商业作为自然经济的补充而存在。刘氏万义昌开始自己的贩卖生涯，经营广泛，主要从事药材生意和小商品生意。在邸店镇、南湖镇、岳堡镇等地开设分店铺，生意兴隆，字号名沿用至今。

福兴奎 清嘉庆年间创办的老字号。凭借梁堡村处于丝绸古道、商贸便利的区位优势，梁姓人在临街开设一间店铺，取名福兴奎，店铺坐北朝南，生意经久，成为当地的老字号，以经营小商品（棉花、布匹、铁器、白糖等）为主，兼营小杂品、山货等。福兴奎重信誉，货真价实深受顾客信赖，生意红火。

手工经济 梁堡村手工业生产以木具制作、山货编制、砖瓦烧制、錾石擀毡、粮食加工、铁器加工等经营为主。1949—1954 年，全村各类匠人百余人，以编制山货出名，以作木工著称。当时从事个体加工制作的农户，年收入百余元。1958 年，人民公社化后，转入集体经营，工匠出外揽活，需向生产队请假，返回后交钱记工，也有部分家庭编制山货产品就地出售。“文化大革命”期间，手工业受到限制，有的手工业者被没收工具。1979 年后，提倡搞活经济，多种经营，有一技之长的手工业者重操旧业，走南闯北，活跃于城乡集镇。以粮食生产为主，以粮油加工、缝纫、编织、拧绳、织口袋、烧砖瓦等为副业的个体手工制作迅速发展起来。

梁堡村处于六盘山腹地，六盘山天然森林、竹林密茂，因而就地取材的编织业作为家庭副业，给村民带来了一定的经济效益。用箭竹、柳条、柠条等原料编织出生产、生活所需的用具，如竹编的炕席、背斗、筛子、盘笼、竹罩等，藤条做成的簸箕、笸箩、地耱、驮筐等，小麦秸秆做成帽辫（掐麦辫）、草垫、蚂蚱笼等。用外拿到集市销售，既节省了家庭开支，又增加了家庭收入。除此，生产队通过集体烧制砖瓦、面粉加工、油料加工、粉条加工等来增加集体收入，发展集体经济。粉条加工是梁堡村的传统行业，梁堡村村民精通粉条制作。20 世纪 80 年代，随着马铃薯产量的增加，作为副食的马铃薯成为加工粉条的充足原料。梁堡村和周边村民加工的粉条和淀粉因品质高、口感好、营养丰富，而创立了美隆粉丝系列品牌。

劳务输出 据统计，2006—2008 年，梁堡村连续 3 年向新疆生产建设兵团输送采摘棉花人员 86 人，总收入 21 万余元。2007—2010 年，长期往深圳、广东、福建等地输送务工人员 32 人，每人年均收入 5 万多元。村民利用农闲时节，前往兰州、银川、西安、新疆等地短期务工者 100 多人。

个体私营 梁堡村村民勤劳朴实，经商贩运意识源远流长。梁堡村曾出现过商贸繁荣的景象和老字号，带动过当地的经济发展。改革开放的富民政策激活了梁堡村民的经营理念，人们不再只是死守耕地去精耕细作，而是把目光投向市场。

自 1995—2016 年，梁堡村搞个体经营的农户有 73 家，年总收入 500 万元。梁堡村集体办起了 3 个苗木合作社，组织栽培育苗，年销售收入 40 万元，增加了村集体收入。

建筑建材 新中国成立前，梁堡村村民以联户形式，在村里办起手工瓦窑和砖窑几处，解决本村及周边村民建房需要。1958 年，生产大队以生产队为单位组建建筑队，组织有土工、木工、砖瓦工等专长的社员组成有 60 余人的常年基建队，为集体承担修建任务，每年完成学校、仓库厂房、饲养站等公共建筑物的修建。1972 年，以村基建队为骨干，动员全村群众修筑了磨路沟淤地坝。1975 年，全村投劳 150 余人，参加了奠安公社农业建设基建队，利用一年时间修筑了毛家湾淤地坝。1980 改革开放后，村里有一技之长者，或个体或联营，农闲时走南闯北从事建筑业、装潢业、运输业等。大批青年掌握了多项专门技术，回村后自行设计、建造、装潢家庭居室，使村容村貌焕然一新。至 2016 年底，全村从事以建筑为主的务工人员 400 余人，从业收入共计 200 多万元，建筑业已成为村民致富的主要途径。

商业服务 新中国成立前，村里开有门市部，经营棉花、白糖、卷烟、火柴、食盐等生活用品，流动推销杂货，时转时停，盈利甚微。新中国成立后，人民政府鼓励群众经营小商品，生产自救，城乡互助，内外交流，互通有无。随着国营、供销商业的发展，私人经营者逐渐萎缩。1955 年，农业合作化后，农兼商户全部转入农业，由基层供销社下设购销网点经营，代替了农兼商户。直至改革开放后，传统贸易市场恢复，个体商业户兴起，大都在家门口开铺经营，村里有了门市部、压面部、缝纫部等。

村里相继开门市部 8 家，共投入流动资金 15 万元，主要经营烟、酒、糖、茶及副食小百货等。除了自办商店经营商业外，村民主要是逢集经商。梁堡村周围比较兴盛的

梁堡村小商店（2016 年）

集市主要有邸店镇、山河镇、李家店子、岳堡、南湖等。“文化大革命”期间限制农民赶集，并取消传统集日，实行十日一集。

1978 后，梁堡村传统集日恢复，牲畜、粮食市场先后开放，上市农副产品和购销范围不断扩大。村民将剩余的粮食、肉禽蛋、蔬菜、农具等拿上集市交易，从市场购回生产资料、日用杂货、工业品等，市场日渐繁荣。1995 年后，上市商品由传统农副产品、粮油、牲畜、日用杂货、竹木山货等扩大到工业品、服装、果品、蔬菜、反季节蔬菜、水产品等。

粮食征购　新中国成立后，农业税费主要是缴公粮，梁堡村群众努力筹集，踊跃缴纳，不拖欠，不滞后，积极完成国家下达的公粮、购粮上缴任务。

1949—1952 年，梁堡村有土地农户人均收入 75 千克主粮为起征点，由 75.5~95 千克征 3% 起，至人均 825 千克以征 30% 止，分 26 个税级。1953 年，梁堡村采取了自报公议的办法，核定各户余粮，分配任务，动员交售。公粮征收执行“依率计征、依法减免、增产增税”的政策。当年，因灾害减免了困难老弱残疾户后，其他村户依规应征粮税。统购粮按各农户当年实际产量，留足口粮、种子、饲料、公粮（简称“四留”）后，确定余粮户、自足户、缺粮户，按“多余多购、少余少购、不余不购”的原则，对余粮户采取自报和民主评议的形式，以正常年余粮的 85% 比率计购。1955 年，梁堡村执行“三定”（定产、定购、定销）、3 年不变和增产不增购政策。1956 年，梁堡村以农业生产合作社为单位，实行“三定”征购。1958 年人民公社化后，梁堡生产大队核定征购任务，实行“三定”政策，一定 5 年不变。自 1963 年起，梁堡村公购粮以当年 4 月 1 日至第二年的 3 月 31 日为新粮食年度计划，同时开展议购议销业务。1965 年，梁堡村实行“产、留、购”一定 3 年不变政策，3 年内征购基数不变，超户或减户部分按适当比例，超购或减购。1970 年后，梁堡村执行轻灾征购不减，重灾留粮、征购双减政策。1980 年，为解决农民温饱，梁堡村免征免购粮 8 年，1989 年恢复公粮征收。20 世纪 90 年代后，按照国家农业政策，原则上以乡镇为单位，农业税费控制在上一年人均纯收入的 5% 以内，梁堡村村集体提留和奠安乡统筹费各占 2.5%。2001 年推行农业税费改革，实行“三取消、两调整、一改革”政策，农业税费大幅度下降，梁堡村民人均税费负担逐年下降。2006 年 1 月 1 日，国家彻底取消农业税，并对农民种粮实行补贴。从此，梁堡村民和全国农民一起，结束了世代缴纳粮税的历史。

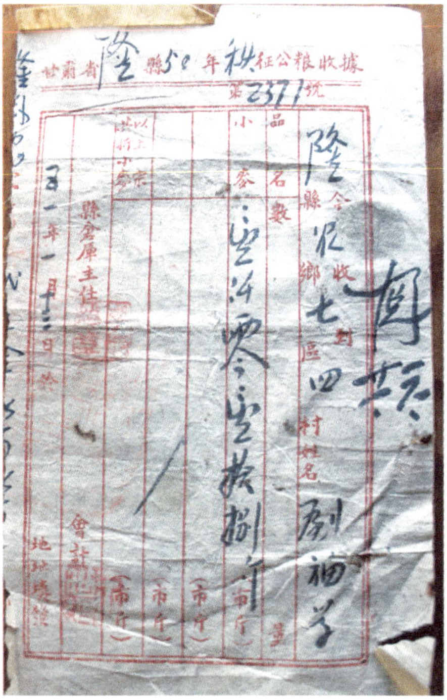
1951 年的征公粮收据

油料收购 1954 年，梁堡村将油料列入统购统销商品，限制私人经营、加工、贩卖，与粮食统购一同进行。

粮油票证 1955 年，梁堡村开始使用粮票，凭粮票购买粮食制品，农民通过交售公购粮兑换粮票，有“全国通用粮票”“宁夏回族自治区地方粮票”两种。全国通用粮票面额有半市斤、1 市斤、3 市斤、5 市斤 4 种，地方粮票有 1 市两、2 市两、半市斤、1 市斤、3 市斤、5 市斤 6 种。饲料供应证票，面额有 1 市斤、2 市斤、5 市斤、10 市斤、20 市斤 5 种。村民凭证可换取“宁夏回族自治区地方粮票”。1985 年，粮票全部停用。

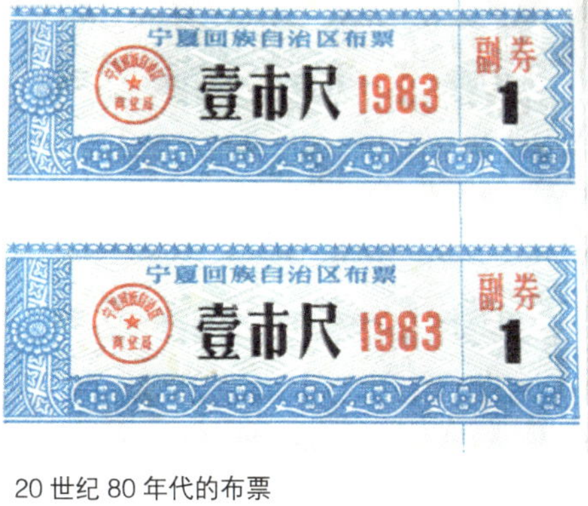

20 世纪 80 年代的布票

古堡村落（2016 年）

村落文化

不同地域、不同民族所生存的村落，在不同的历史时期，在源远流长的中华文明史上，其文化内涵、文化特质、文化价值呈现出不同的色彩。梁堡村根植于传统社会的村落文化，蕴藏了许多价值恒久的精华。梁堡村村民在长期的农业生产中，以服务农业和自身娱乐为中心，形成了一种独特的地方风俗文化。随处可见的民间艺术、村民才艺、生产劳动、生活习惯、娱乐情趣等，拥有物质形态和非物质形态文化遗产，具有较高的历史、文化、艺术、社会价值。

梁堡，村民的农耕习俗、民间艺术、手工艺、娱乐情趣等村落文化，具有较高的历史、艺术、社会价值。

在新石器时期，梁堡村的先民们就开始刀耕火种。为了适应烧荒造地的需要，他们磨制了石斧、石铲、石锤、石刀、石臼、石凿等劳动工具。截至2016年，在梁堡村境内已发现新石器遗址5处，分别在三组的崖上、二组的夹耳子路、一组的马槽槽、一组北100米处、三组的岙儿坪等地。出土的农耕、砍伐工具有双孔石刀、单孔石刀；容器有彩陶壶、陶斝、双儿陶杯；粮食加工工具有研磨器、石臼、石磨棒、石杵等；缝纫工具有骨笄、骨针等；收割工具有半月形石刀、石铲等；另外还有大量大型石铲、石耜、打制的尖状器、敲砸器、细石器等。从上述出土文物考古发掘看，梁堡村先民在这片古老的土地上，先用石斧砍击树木，放火烧荒，然后用石铲或石耜翻松土地，再将植物种子播入土地，等到秋后收割时，用石刀、石镰割下作物的穗子，脱粒后储藏于陶制的容器中，最后用石臼、石杵加工成日常食粮。新石器时期，梁堡村境内发展农业生产的条件已经成熟。

春秋初年，先民们的脚步在山塬上响起，周室东迁，戎人乘机南下，进入关中地区，活动范围扩大，商品交换频繁，青铜工具逐渐进入生产领域。春秋中期，中原地区铁制工具开始推广应用，对铜的需求量下降，从而使居住在梁堡境内的戎族铜材来源有了保障。戎狄积极向周人学习打造生产工具，开始制造本民族所需要的青铜工具。这一时期，手工业在铁的发展中开拓了新的市场。梁堡出土的铜器主要有车马饰件、箭头、残剑刀等，造型独特，新颖别致，具有浓郁的游牧民族特点。周代官府的手工作坊发展到晚期，大都进入民间，这是民间手工业、手工工艺的开端。梁堡村现仍保存着许多珍贵的民间艺术品，诸如刺绣、剪纸、编织品、瓦器等。

战国时期，当地逐渐由牧区发展成为旱作农业区。由于铁制农具的广泛使用和牛耕技术的推广，梁堡村加快了土地垦殖速度，提高了农业生产力，使领主制度逐步瓦解，以私有制为基础的土地私人占有制基本确立。

秦始皇统一全国后，设县筑城，构筑要塞，移民开发。梁堡村出土的秦朝的钱币表明，由于秦向西北边境不断开拓，加速了农耕文化在西北地区的传播，游牧生产逐渐向农业生产过渡，农业界线向北推进到甘肃中部、宁夏南部。

汉、唐、宋时期，由于各族战乱，使梁堡的农业生产水平较为低下。

梁堡境内规模性耕地开发始于元代。元朝建立后，长期的战争使得北方人口下降，农田大量荒废为牧场。在内地先进农业经济的影响下，元朝统治者逐渐放弃落后的游牧经济和剥削方式，实行“以农桑为急务”的政策。招募流民百姓，恢复和发展农业生产，梁堡村迁徙来的村民开始大量开垦土地。

明初，朱元璋将大片草场划给藩王，沿六盘山，今观堡、大庄、峰台、好水、山河、奠安、梁堡是楚王牧地。梁堡主要为当时的牧马草场和民田。

明末清初，梁堡遭受战乱，土地撂荒十分严重。顺治时多方招垦，收效甚微；康熙、乾隆时期，通过轻徭薄赋，鼓励开垦，至光绪三十二年（1906），梁堡村耕地面积达到1200亩。

民国时期，中等以上的耕地大部分均集中在大户人家手中。新中国成立后，首先解决土地所有权问题。新中国成立60多年来，梁堡村土地经营权经历了“两分两合”的演变，见证了农村经济体制改革和变迁的全过程。

如今，梁堡村很多人家的上房、大门的马头墙上都砌有“耕”“读”字样的方砖。耕田可以事稼穑，丰五谷，养家糊口，以立性命。读书可以知诗书，达礼义，修身养性，以立高德。人们在平平常常的生活中，潜移默化地接受着礼教的熏陶和圣哲先贤的教化。崇文重教、注重礼仪，儒家文化根深蒂固、深入人心。

梁堡村自古以农业为主，耕读传家，民风淳朴。发展农业经济，勤劳耕作、勤俭持

农运（2016 年）

村民家大门马头墙上的砖雕（2016 年）

家成为梁堡人的传统风俗。走进梁堡村，能看到家家户户的墙上都挂有字画，有中堂、四条屏、斗方、横幅等。梁堡人秉承“家有藏书不算穷”的古训，许多人家都有藏书，其中不乏一些少见古籍，如《古文喈凤新编》《元亨疗马集》《字彙》《醉墨轩画稿》《诗经体注图考》等。

◉ 民间艺术

世世代代居住在这里的梁堡村人，在继承前人创造的文明的同时，继续创造着新的文明。因拥有被誉为民间文化“活化石”的高台马社火，梁堡村 2012 年获“宁夏回族自治区非物质文化遗产优秀传承基地”称号。高台马社火是一种传统民俗祭神活动，每年自腊月开始，梁堡村人就进入准备阶段，以在来年的正月好好要一场。村民祈求来年风调雨顺，五谷丰登。梁堡村社火表演内容丰富，形式多样，有地摊戏、皮影、秦腔、马社火、舞狮、高台、走高跷、春官、跑旱船、赶毛驴、扭秧歌、剪纸、刺绣等。

地摊子 梁堡村地摊戏是村民耍社火的主要表演形式，上演的主要剧种是秦腔和眉户，一般在晚上演出。当地人之所以称“地摊子”，是因为它的表演地点不在戏台上，在村子空旷平坦的地方摆一张桌子，把桌子的两边分别当作出入口（演员上、下口），文武场面左右排开，观众围成一圈欣赏。由于规模小、程式简单，不需要戏台，随意找一块地方就可以耍起来，深受乡亲们的欢迎。地摊子人物少，服装道具简单，乐器可多可少，文乐有板胡、二胡、三弦，武乐有锣、鼓、钹、竹板，但生、旦、净、末、丑行当齐全。地摊子有定型节目，无固定脚本，重唱腔，少科白，词、白全用当地方言土语，戏中有帮腔“小唱”与眉户戏穿插搭档。演出开场时，先有一个挂着一嘴胡须的演员摇一把羽扇，穿一身蓝袍，在桌子上的香炉里燃起几枝香后，说道：“头戴素珠八宝妆，争福争寿免祸殃。香炉飘出三股烟，风调雨顺太平年。”他每说一句，小鼓小钹就响几下，接下来才正式演唱。比较流行的曲牌、曲目有 20 余种，现仅存 10 余种。代表剧目有《卖水》《张连卖布》《双官诰》(《三娘教子》)《二进宫》《拾黄金》等。

皮影戏 皮影戏是当地人民群众喜闻乐见的传统民间表演艺术。梁堡村有皮影班子，每到农闲季节或逢节日、庙会，艺人们会搭起班子。晚上，在人家屋檐下，架起白布做的屏幕，在幕后点上几盏油灯来表演皮影。一人主演主唱，两班人马，配合默契、洒脱自然。班子大约有 5~7 个演出人员，其中文武乐队 3~4 人。耍线子师傅多兼角色唱板，以声腔变化之妙适应生、旦、净、丑各色人物。

皮影戏唱腔大都采用秦腔、眉户的曲调，其音乐独具特色，节奏明快，高亢激越，清脆悦耳，婉转动听，其中道白大都采用本地方言，诙谐幽默，听后使人忍俊不禁。尤其以表演神仙鬼怪戏见长，剧目多为传统内容，如《封神演义》《杨家将》《二进宫》《铡美案》《三娘教子》《下河东》《黄河阵》《抱火斗》等，既有历史故事、神话又有民间传说。剧情多以反映灵魂不死、因果报应为主要内容，也有取材于日常生活的“杂传”小戏等，“娱神娱人”给当地老百姓带来欢乐。皮影戏包括绘画、雕刻造型、音乐、舞蹈等，是一种综合性艺术。皮影戏运用散点透视与焦点透视相结合的手法，使图案和花纹都有立体感，双人或三人配合演出。为便于手工操作和表演，艺人在制作过程中，把人物分解为头、身、腰、大小臂、前后腿等 9 个小件，然后进行组合。皮影戏和其他剧种一样，生、丑、净、旦文武齐全；刀、枪、剑、棍样样都有。表演时提袍甩袖、翻转武打，栩栩如生。皮影戏中的道具叫亮子，是用透明白布做成长方形，演唱时牛皮人通过亮幕活动，显

皮影戏演出（2016 年）

刘昌珀制作皮影（2016 年）

刘昌珀制作的皮影（2016 年）

现出牛皮人的形象，达到皮影的视觉效果。挑线手，也叫线子手，挑线手既能唱又能耍，表演十分娴熟。如挑线手把武打影人的肩棍，分在 4 个指头缝中，一手可拿两个影人，两手可拿 4 个影人对打。观众在亮幕上看到满是人影，混杀一场，其场面杀气腾腾，吞云驾雾，其实是一个人的把戏。乐器主要有铜锣、唢呐、板胡、二胡为主。皮影戏的布景道具和影人都是用牛皮加工刻成的。在困难时期没有牛皮的情况下，艺人会用羊皮甚至用硬纸来加工刻制皮影。

皮影的制作过程是：先将牛皮的毛、血去净，经药物处理，使皮革变薄，呈半透明，涂上桐油，然后把皮革镂刻成所需的人物形象及道具。皮人的头、四肢、躯干等各自独立，而又用线连成一体，分别以连杠由演员操纵，令其活动。皮影戏人体比例夸张，头大身长，手臂过膝。男影人眼大额高、女影人眉弯眼小，通天鼻子，小嘴巴，镂刻十分精细，刀法犀利多变，纹样华丽而疏密得体，造型各异，形象生动，着色鲜艳，反差分明，对比强烈。影人由 5 大部分、12 小件组成，表演时可按剧情需要调换增减。那些挑线把式，手夹竹签，可以表演出物象的正、侧、仰、俯等多种角度的特征，给人以“曲从口出，动自其身”的艺术效果。

秦腔　梁堡村人都是从陕西迁徙来的，对三秦大地的秦腔情有独钟，受中原传统文化影响，得力于秦腔文化的承传。因周代以来，关中地区就被称为“秦”，秦腔由此而得名。秦腔在梁堡这块土地上，有着神圣的不可动摇的基础。“秦腔唱连台，四季好运来。”每年农闲时节，梁堡村都要唱戏，尤其是每年的农历六月二十四，要给二郎真君神唱一台大戏。梁堡村民风古朴，梁堡人干活出大力，吃饭用大碗，唱起戏来自然也用大嗓门，秦腔高昂激越、强烈急促。因此，秦腔表演时“唱戏吼起来”“唱戏打架分不开”。梁堡人爱看秦腔、爱听秦腔，更爱唱秦腔。收工回家，放上 DVD 光盘，对着电视屏幕上的唱词，不论男女老幼都能吼上几句秦腔。

刘昌友秦腔扮相（1986 年）

梁堡人迷恋秦腔，并不全因为它土生土长古音古意，而是秦腔最能表达他们灵魂的渴望震颤。欣赏秦腔就是欣赏秦腔真挚动人的情感和豪放痛快的气势，品味梁堡人古朴真挚的灵魂。在村子场院里，在村民的庭院中，不需舞台和灯光，演员即观众，观众即演员，伴着铿锵的锣鼓和几件简单的乐器，便可演绎人间悲欢。天作幕布地为台，无拘无束，唱戏的投入，听戏的也投入。秦腔唱腔最基本的形式是欢音和苦音，欢音表现欢快、喜悦之情绪，苦音抒发悲愤、凄凉之情感，朴实、粗犷、豪放、夸张。板式有慢板、二六、代板、起板、尖板、滚板及花腔。还有彩腔，以假声唱出，音高八度，多用在人物感强激荡、剧情发展跌宕起伏之处。角色行当分为四生、六旦、二净、一丑，计 13 门类，各门角色都有独特的风格和拿手戏。秦腔表演生活气息浓厚，程式严谨，技巧丰富。身段和特技有趟马、拉架子、吐火、吹火、担子功、翎子功、水袖功、扇子功、鞭扫灯花、顶花、咬牙、耍火棍、髯口、跷功、獠牙、帽翅功等。秦腔的表演朴实、粗犷、豪放、夸张。秦腔的脸谱也别有讲究，讲究庄重、大方、干净、生动和美观。颜色以三原色为主，间色为辅，平涂为主。在显示人物性格上，表现为红忠、黑直、粉奸、神奇的特点。格调主要表现为线条粗犷、图案壮丽、着色鲜明、对比强烈、性格突出。

梁堡村民历来对秦腔有着浓厚的感情。村里一直有一个秦腔班，20 世纪 60 年代初，戏班解体，“文化大革命”中历史剧目禁演，古装道具被焚。1978 年以后，村里几位喜爱秦腔的老人又自发组织成立了秦腔戏班，利用晚上时间演唱。大家一门心思弘扬秦腔艺术，怀着对秦腔的共同爱好和志趣，大家凝聚到一起，吹拉弹唱配合得很默契。每天晚上，戏班最少要唱十几折。1987 年传统历史戏开禁，戏班重新购置服装、道具，灯光、布景、音响都以新型技术配备。

手绘脸谱 一组村民刘昌珀手绘脸谱达 63 种之多。手绘脸谱极尽夸张之能事，简洁生动，色彩淡雅，造型独特，不同于流行西北的秦腔、京剧等脸谱，是西北地区脸谱中不可多得的瑰宝。刘昌珀的 63 种脸谱最大的特点是基础脸谱，他可以根据戏剧中人物特点进行加减，衍生出多种脸谱。他的脸谱颜色主要有红色脸，象征忠义、耿直、有血性，如“三国戏”里的关羽；黑色脸，既可表现性格严肃，不苟言笑，为中性，代表猛智，如“包公戏”里的包拯，又可象征威武有力、粗鲁豪爽，如“三国戏”里的张飞、“水浒戏”里的李逵、“杨家将戏”中的焦赞；白色脸表现奸诈多疑，含贬义，代表凶诈，如“三国戏”里的曹操、《打严嵩》中的严嵩；蓝色脸表现性格刚直，桀骜不驯，如《上天台》中的马武、《连环套》里的窦尔墩；紫色脸，表现肃穆、稳重，富有正义感，如《二进宫》中的徐彦章；金色脸象征威武庄严，表现神仙一类角色，如《闹天宫》里的如来佛、二郎神；银色脸表现奸诈多疑或威武庄严，表现鬼怪或神仙一类角色如《攻潼关》中的木吒；绿色脸表现勇猛、莽撞、冲动，如《白水滩》里的徐世英。黄色脸表现性格猛烈，如《南阳天》中的廉颇；褐色和粉红色脸表现比较正直的老人。

附 1：刘昌珀手绘脸谱

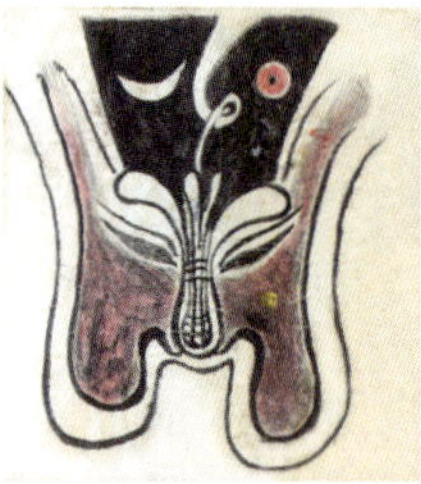
包公之一

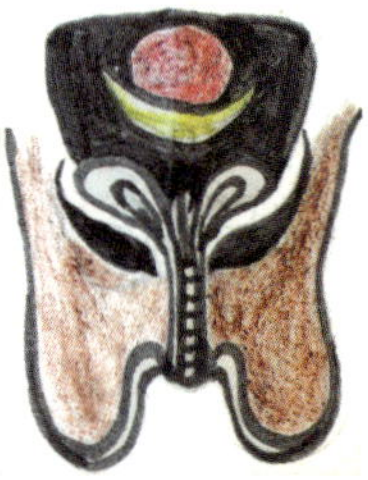
包公之二

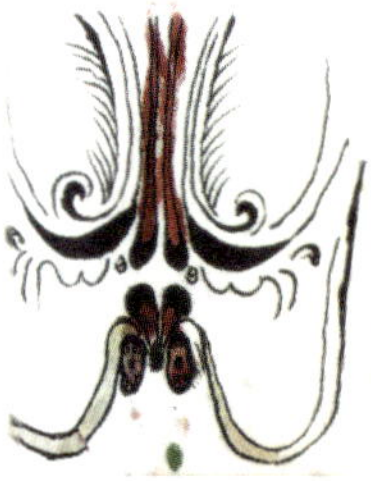
楚平王

单童马武之一

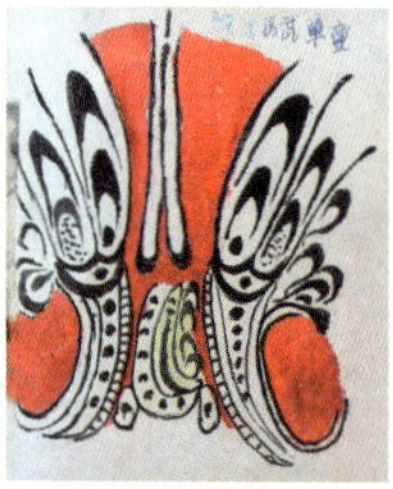
单童马武之二

老马武

《伐马岭》马刚

藩王

高继能

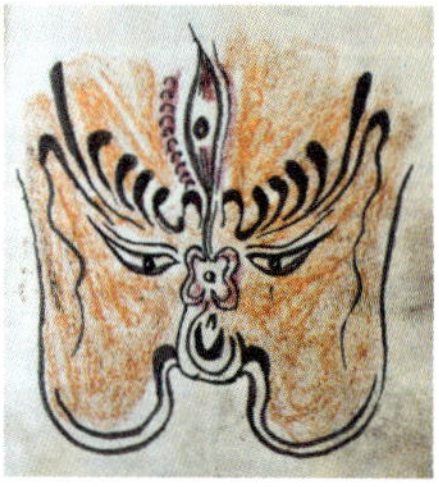
闻太师之一

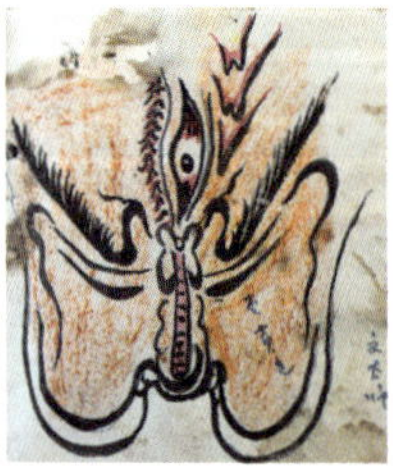
闻太师之二

闻太师之三

封神之一

封神之二

封神之三

封神之四

封神之五

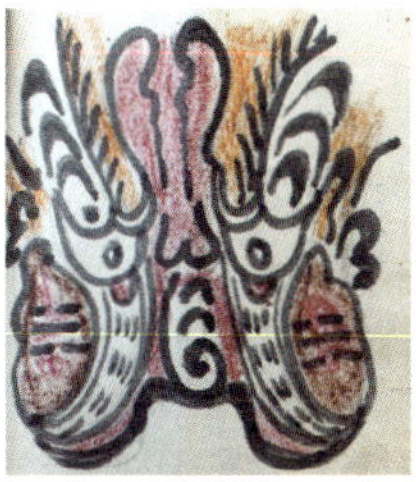
封神之六

封神之七

封神之八

雷震子

郑伦

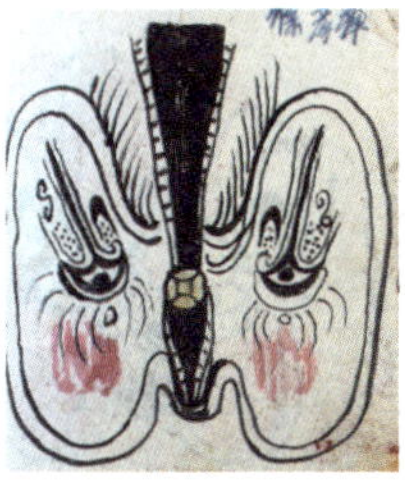
徐彦章

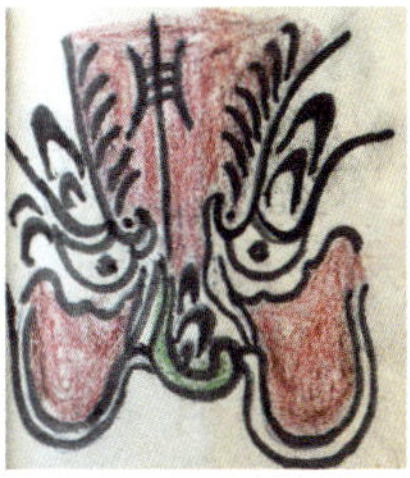
余辽

张奎

赵爷

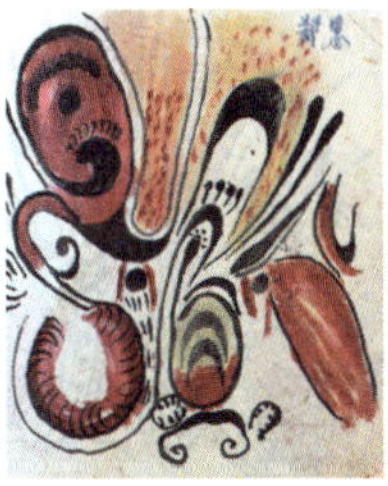
郑恩

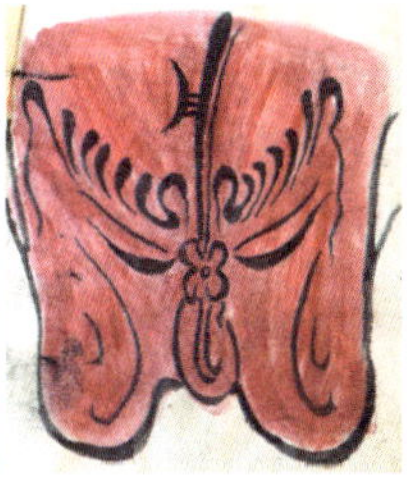
关公

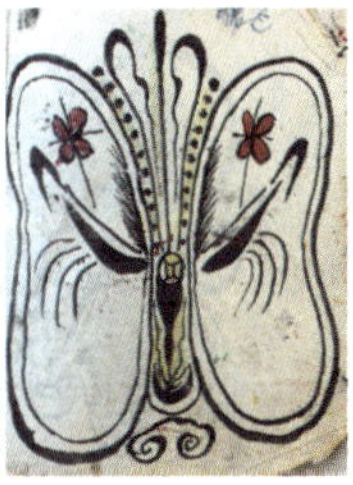
张飞之一

张飞之二

魏延

张奎

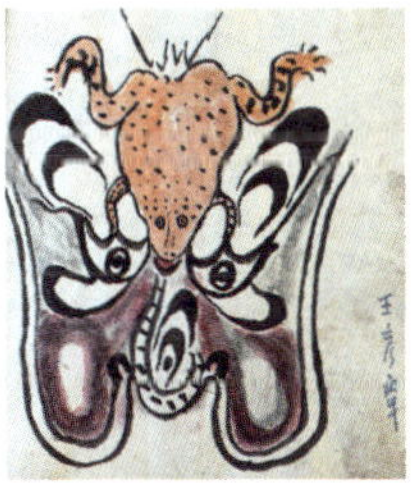
王彦章

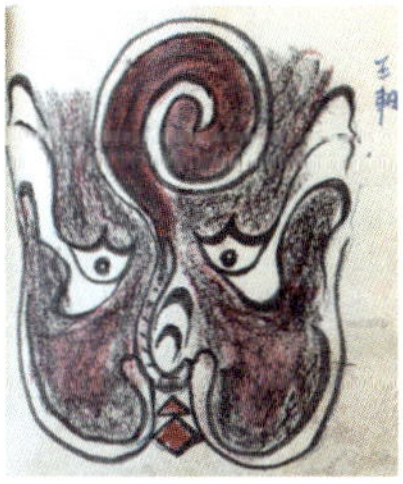
王朝

马汉

卢林

二十八宿之一

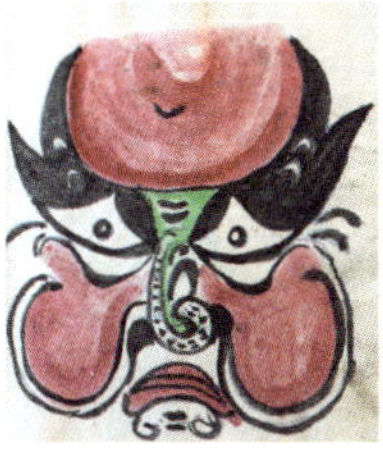
二十八宿之二

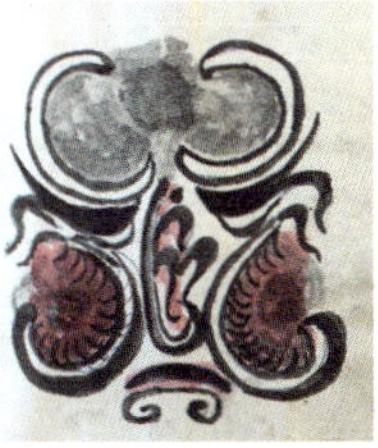
二十八宿之三

二十八宿之四

二十八宿之五

二十八宿之六

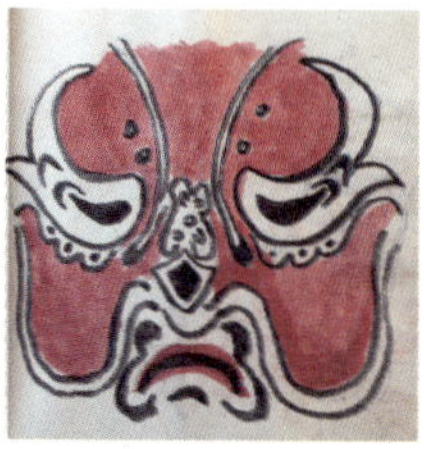
二十八宿之七

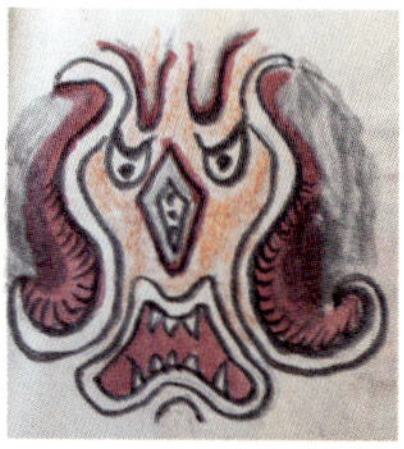
二十八宿之八

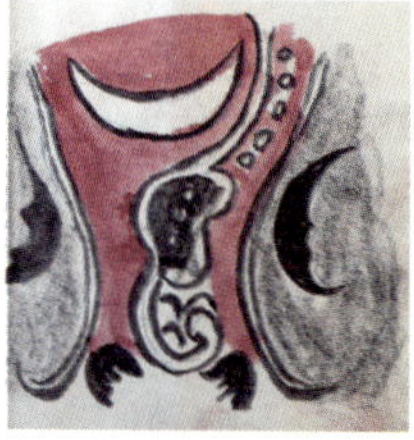
二十八宿之九

二十八宿之十

二十八宿之十一

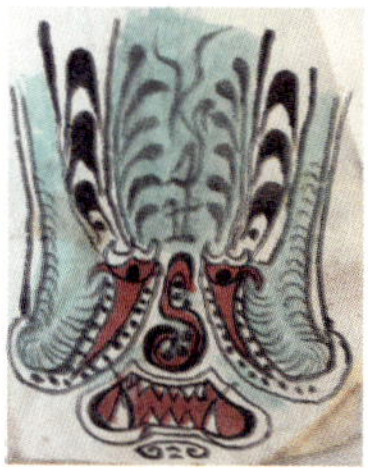
二十八宿之十二

秦琼

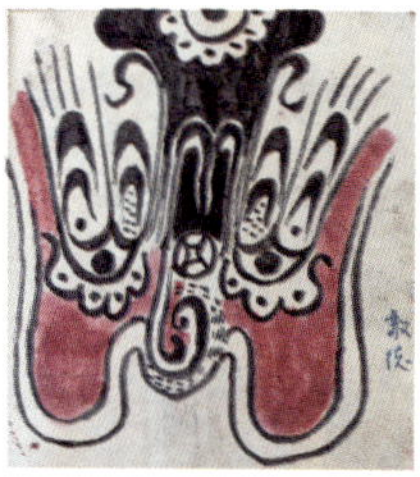
敬德

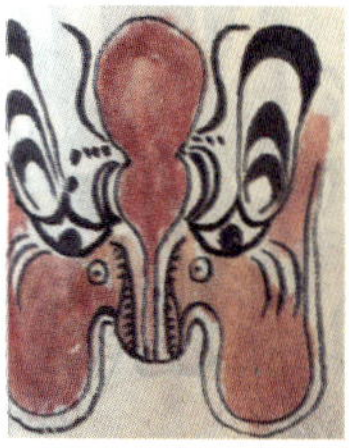
孟良

郭广清

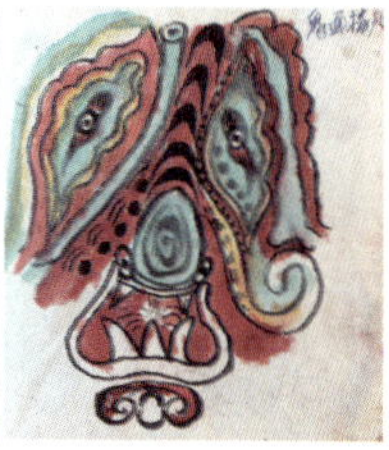
鬼面杨凡

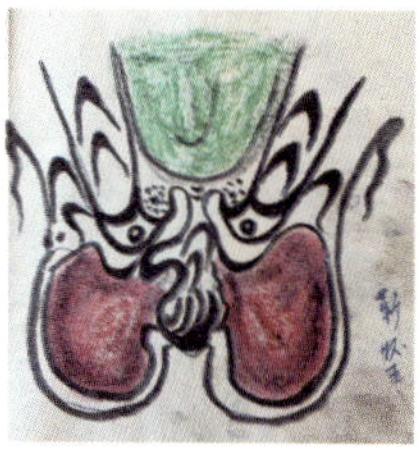
纪灵

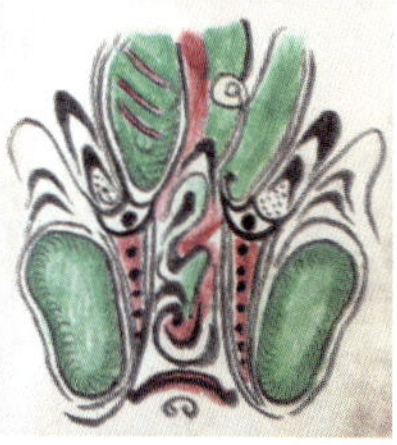
晋怀王

黑虎

窦月焦

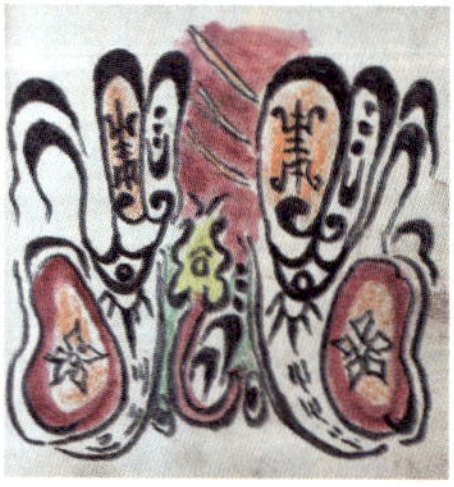
《伍员逃国》驸马卞庄之一

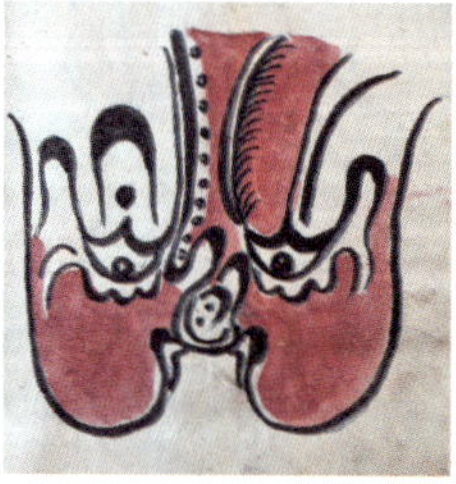
《伍员逃国》驸马卞庄之二

奸臣之一

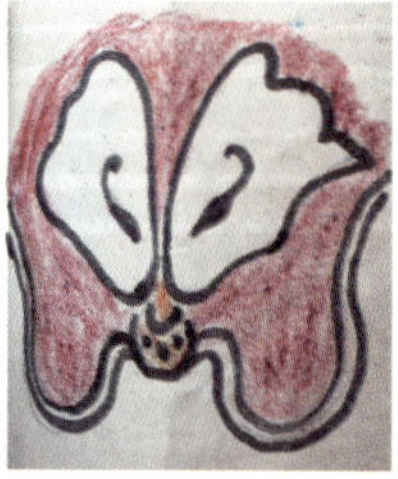
三国演义之一

凤平

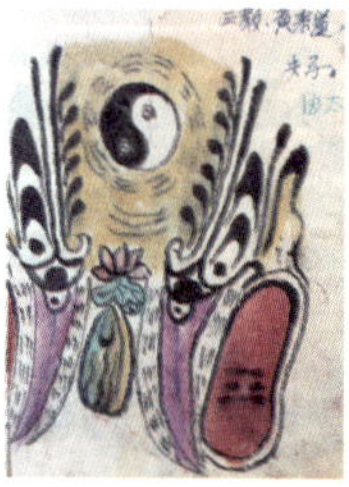
三教之一黄宗道

高台 高台是用造型来塑造各种人物形象的舞蹈，源于一种祭神活动。每年正月，梁堡村村民有扎高台、闹新春的传统。一台台内容新颖、形式多样、装饰艳丽的高台，在锣鼓声中游街走巷，给节日里的人们增添无穷的乐趣。先民们对一些自然现象缺乏正确的认识，对大自然造成的灾祸难以抗拒。为了生存，他们乞求支配大自然的神不要降灾给人间，便事事向神祈祷、膜拜。最初，他们用新面捏成人及飞禽走兽的模样，置于供桌上，并请阴阳巫师念经祈祷。后来，人们又结团聚群，将面捏的人、兽抬上供桌，敲锣打鼓，走村串巷，所过人家都要鸣炮焚香、恭而迎之。随着时代的变迁，一些民间艺人将供桌改制成“高架”，在磨盘中心固定一铁杆，铁杆上下可扮饰一至二人，由七八岁的小孩扮成戏剧人物，穿上戏装，浓妆艳抹，并根据剧情，用道具、花木、亭榭诸物巧妙装饰，给人以真实、奇巧、玄妙之感，游移时挑选8个壮年男子扛抬。20世纪80年代以后，随着经济的发展和文化艺术的繁荣，高台的制作工艺和造型更精巧细腻，越来越注重人物性格的刻画和内容情节的展现，在装饰技巧上也有了很大提高。现在的高台用优质钢筋做芯子，原来数人扛抬已改为小型拖拉机或汽车运载，极大地提高了安全性。还有用转盘做的旋转高台，表演时人在车上拨动转轮，整个高台就会旋转起来。这时各种人物造型翩翩飞舞、惟妙惟肖，

高台《奔月》(2011年)　　柳锐卿　摄

煞是好看。高台的内容多以历史剧选场，故事传说选段为题材，如《盗仙草》《盗扇》《天女散花》《三打白骨精》等，总体上离不开扬善抑恶、祝愿吉祥的内容。高台是一种造型艺术，比较强调主观感受和意念表现，妙在“似与不似之间”，其造型奇异、独特、美观，形态逼真，动作惊险，有的翩翩起舞，有的飘飘欲仙，具有独特的魅力。

马社火 马社火是一种古老的传统民俗文化活动。起源于隋唐时期，因为陇山（六盘山）地区在隋唐时期治监牧地，牧马生活演变成一种表演活动。

马社火表演是梁堡村村民集体表演的一种社火形式。每逢春节和正月十五前后，村民们总要尽全村人力、物力，装扮起来，骑上高头大马，走村串巷热闹一番。马社火的装饰比戏剧舞台角色更复杂，表演者扮成各种戏剧人物角色，骑上披红挂彩的高头大马，手持刀、枪、矛、剑、戟、铜锤、钢鞭等道具。演员在马上昂首挺胸，摆出各种造型亮相的姿势，造型颇具雕塑之美，一做到底，不变换，不动作，亦不说唱。马社火的脸谱化妆别具一格，如《铡美案》中包拯额头左为“日”，右为“月”；《黄河阵》中三教爷额头分五色花轮（代表“五行”），左右两颊画乾、坤二卦符号。这种特殊脸谱造型是民间脸谱艺术的精华。马社火一般配有锣、鼓、钹三种打击乐。锣鼓点是过年鼓，其节奏口诀为：“层层板，层层板，层层板上老鼠反，老鼠反了没人管。”这种社火古朴明快，英武秀美，风格独特，朴实无华，具有浓郁的乡土特色。村民刘昌珀是村里的马社

马社火（2011年）

火头儿，画脸谱、装扮造型样样在行。梁堡村马社火与其他地方不同之处是演员站在鞍架上造型亮相，更显威风英武。

高跷 高跷俗称柳木腿、高拐子，也叫高跷秧歌，是梁堡村社火中最流行的一种表演形式，每逢年节都要在村头巷尾演出。据说，踩高跷的习俗在唐代就已盛行，那时的“长跷伎”就是今天的高跷，扮相甚多。高跷表演自由活泼，曲调优美和谐，扮相滑稽有趣，乡土气息浓厚，农民们非常爱看。拐子是木制的，上粗下细，高 2 米左右。踩高跷者往往装扮成“赶毛驴”“扑蝴蝶”等滑稽戏谑性角色及历史故事中的角色，挥动蝇刷、扇子、绸帕及其他道具而行，以装扮俊俏、舞姿潇洒为美。在赶毛驴、扑蝴蝶等节目中，要做跳跃、蹉步、翻身、跌叉、越门板、上桌子、跳板凳等高难度动作。至于风趣诙谐的顶灯舞蹈，更需要坚实的基本训练，才能取得打诨逗笑的效果，其中最高难度的动作是二人高跷舞。

春官 春官也是梁堡村村民社火表演的一种文化形式，也叫说仪程。当地民间流行春官报春的说唱活动。春官名称最早见于《周礼》，“以为民极，乃立春官宗伯”。《五帝纪注》《汉书》《左传》等古籍都有春官的记载。春官分两种，一种是随社火走的春官，一种是两人一组走街串巷的艺人。在古代，劳动人民为了争得庄稼丰收，在官方赞助下组织懂得天文历法知识的人，到民间去宣传、普及农业节气、务农知识。于是，就出现了走街串巷的艺人。他们“唱春”时间在每年冬至节前后。外出唱春时，春官身背褡裢，装着自印的《二十四节气表》，手拿黄杨木雕刻的骑着“三皇爷”的小“春牛”，两人或一人单独行动。他们走村串户，每到一家，先把小春牛托在手上或放在主家的桌子上，接着就唱通俗易懂的报春歌，其音调高亢嘹亮，诙谐风趣，给人以升平进取、吉祥如意、幸福安康、发财致富的祝愿。唱完后，他们就给这家赠送《二十四节气表》。春官词演唱时，先唱《五方财门》《十送》，接着就按这家的职业情况演唱各种内容的春歌。是农户，就唱《二十四节气歌》及其他务农方面的歌；遇木匠，就唱《木匠春》；遇铁匠，就唱《铁匠春》。他们也演唱一些其他内容的歌，如《女儿春》《劝世文》等。他们还根据情况即兴编词，见啥编啥，出口成章，合辙押韵。

旱船 旱船也叫花船，是梁堡村民春节社火的表演形式之一。用木头和花布扎成小船模型，用彩绸、花朵做成船舱，用蓝布做成船围，画上波浪图案，表示船行水中。船舱中有一位美丽的少女盘腿而坐，含羞不语，民间称为船姐儿。撑船老艄公穿戏装，顶凉圈，银须飘飘，手拿划板来回奔波。为了增加场面气氛，特设两个丑角，即艄公之子傻小子和艄公之女麻大姐。表演时，两旱船随着鼓点疾步穿梭，傻小子手拿拨浪鼓，麻大姐手拿鹰毛扇，来回奔跑和船姐儿逗趣，动作滑稽，憨态可掬。船姐儿脉脉含情，步子轻盈飞快，驾驶旱船犹如急流行舟，作浅搁，遇暗礁。旱船表演常有这样一个情节：起初，船行顺利，后来搁浅沙滩，艄公无论怎样用力划，仍是纹丝不动，艄公和儿女抬的抬、推的推，终于推到深水之中；再转几个回合，旱船才算靠岸。

舞狮 舞狮是梁堡村社火中不可缺少的内容，社火队必以狮子为前导。在梁堡村村民们心目中，狮子是吉祥威猛的象征，传说在正月入庄进户，有驱逐疫病的作用，所以深受人们欢迎。传统的狮子是用大麻、簸箕、筛子、竹篾、彩纸扎绾而成。现在多购买成形的狮子，多为红色，工艺精良，造型雄猛，毛色鲜亮。顶狮子的是两个身强力壮的年轻人，领狮子的人扮成武士，持彩球（绣球）、连枷棍、流星锤等器杖逗引。在震天的锣鼓声中，狮子除了做越障碍（桌）、打滚、吞绣球等动作外，还与武士搏斗，武士踢打、翻滚，狮子扑闪、腾跃，最终被武士制服。

赶毛驴 赶毛驴是梁堡村社火表演中的主要传统节目。毛驴用竹扎纸糊，近年来多用黑布或黑绸子而不用纸。驴背开洞，分前后两截系在舞者腰上，驴腹下垂黑色布幔，用来遮掩表演者的腿脚，作骑驴状。表演者多扮作回娘家的媳妇，怀中抱着小孩，另一人扮作丈夫赶驴相送。表演时，模仿毛驴徐行、奔跑、踢跳、倒卧等动作，滑稽逼真，惹人发笑。

舞狮（2016年）

梁伟宏剪纸（2016 年）

秧歌 秧歌在梁堡村兴盛于20世纪50年代。由于秧歌没有故事情节要求，人物少则几十人，多则上百人；形式简便活泼，人人易学，加上服装道具信手可得，这些条件决定了它的群众性。七八岁的小娃娃都能腰间系上红带子，手拿一面三角形的小红旗，把脸蛋染成“红二团”，入了队列扭得活泼可爱。每逢节庆日，村民们就会手持彩扇 、彩绸、手帕、绸巾、红花，甩开双手，左回右旋，翩翩起舞。

剪纸 剪纸是梁堡村村民装饰生活的主要方式，每逢过年过节、婚丧嫁娶时，妇女们就会用手中的剪刀剪出凝聚着原始文化精神和古老民俗观念的各种剪纸，张贴到窗户、炕围、水缸、面柜、粮囤、木箱、灯笼的上面。剪纸作为装饰品多出现在民间窗户、灯笼上，俗称窗花、灯笼花。梁堡村剪纸的特点是能手多、水平高，其中有男有女，有老有少。内容有古代的、现代的，有花草虫鱼、飞禽走兽、家禽家畜、黍米果菜，也有亭台楼阁、小桥流水等等，而人物作品尤多。剪法有阴剪和阳剪。他们继承传统，揉进新意，镶框可作为屋内装饰，也可参展。

梁喜琴刺绣作品（2016年）

刺绣 刺绣是梁堡村妇女手工技艺之一，形式多样，内容丰富，花鸟虫鱼、民间传说、历史故事皆可入绣。刺绣技法多变，有实心绣、空心绣、藏针绣等。表现花色特点或繁复富丽，或简洁明快，或整齐朴素。种类繁多，以香包、枕头顶、鞋垫、桌裙、围饰、挂饰、床单、被套、门帘、绣枕、肚兜、孩子虎头鞋等为主。所绣的图样多见牡丹、荷花、梅花、芙蓉、玉兰、水仙，还有小鹿、小羊、小狗、小猫、小兔、鸟雀、蝴蝶等；也有寿喜图、富贵牡丹、鸳鸯荷花等民间意味浓郁的组合性图案。梁堡村多名村民的刺绣作品远近闻名。

梁堡村民喜爱刺绣，千百年来姑娘出嫁陪嫁物中少不了刺绣，尤其婆家选媳首先会从刺绣物中判断姑娘是否聪明伶俐。一手好的绣工是女孩儿的骄傲，父母的荣耀。随着精神文明和物质文明的发展，有些古老的民间技艺逐渐淡出。在保护非物质文化遗产精神的感召下，民间刺绣这一手工技艺有逢春复苏的现象。

书画摄影 在梁堡村，有“家有字画不算穷”的说法。村里几乎是人人都喜好书画，家家墙上都挂有字画。书画家辈出，村民中多位村民的书画、摄影在各级比赛中获奖。

口弦 口弦又称口弦琴、响篾、吹篾或弹篾，历史悠久、形制多样，在六盘山地区十分流行。20 世纪 80 年代以前，梁堡村的妇女最爱弹用篦档做的口弦，当地人也叫篦档儿。口弦可以独奏、齐奏、合奏或为歌舞伴奏，在人们的生产劳动和日常生活中占有重要地位。

据说梁堡村口弦演奏起源于清朝同治年以前，当地回族妇女用梳头的篦子档儿做成一头窄中间有个簧、两头扯线线的乐器来弹奏。于是，村中妇女就向她们学习制作口弦弹奏。在劳动之余，梁堡村妇女常常三五成群围坐一起，用自己制作的口弦斗嘴开心或弹奏歌谣。

刘丽珍刊登在报刊的农民画作品

柴昆素描作品

董双信书法作品

柳娅菲绘画作品

梁立荣绘画作品

口弦的弹拨一般发出“啵啵哇哇”“蒙莫蒙莫”的声响，随着弹奏者的口形变化，声调的抑扬顿挫，可歌可语。弹奏者若借口弦说话，边弹边说为口弦语。若通过口形变化和音量变化弹奏某种民歌小调或民间舞曲，则俗称口弦令或口弦歌。

口弦令或口弦歌的音调柔美深沉，节奏多变。有的欢乐明快，如“雀舌头”，似枝头鸟雀，欢噪晨晖；有的压抑沉郁，如“檐滴水”，似秋雨连绵，如泣如诉；有的朴实无华，如“骆驼铃”，似运货路上驼铃叮咚等等。吹口弦时，演奏者通过坐、站、走各种弹口弦的动作，用上身的妩媚摇动、胯部的柔动、脚步的悠闲轻盈等，来以此自娱。有时妇女之间用口弦相互对弹，既像是对歌又像是谈心。

哇呜 清同治以前，梁堡村民在与回族文化的交流中，受回族吹奏乐器的启发，根据古代埙的基本原理，在实践中创制出了当地特有的民间乐器牛头埙，即哇呜，并使之代代流传下来。

哇呜也叫泥箫，是用黏合力强、结实耐用的红胶泥或黄胶泥制作的一种民间小乐器，古代称为埙。据史书记载：“埙，古代一种用陶土烧制的吹奏乐器。”哇呜通体用黄胶泥捏制而成，其形状、大小、音孔数量和位置各不相同，大者与鹅卵近似，小者有如核桃。外形式样有椭圆形、枣形、鱼形、桃形、娃娃头形、牛头形、牛角形、蝶形和扁方形等等，不胜枚举。上尖下平中空，顶上一孔为吹口，前面四孔，后面三孔。封建时代早期宫廷乐队中曾使用过此种乐器，以后逐渐消失，但在民间演奏中还能见到。

吹奏时，双手托捧泥哇呜，拇指、中指夹持，口对吹孔送气发音，指法、音色各有不同，小者音色清脆、悠扬，大者音色浑厚、深沉。蝶形泥哇呜两端和牛角形泥哇呜有些相似，外表美观、别致，是儿童喜爱吹奏的泥哇呜品种。每当春风吹来、冰雪消融之时，一群小伙伴打着闹着沿着涓涓溪流，用冻裂的小手，挖一疙瘩红胶泥，捏起哇呜来。从制模子、捏坯子、晾晒到烧烤，用不了半天工夫，满村子“哇哇呜呜”声就会此起彼伏。

“花儿” “花儿”是祖国灿烂文化宝库中的一个重要组成部分，是人民真实情感的流露，出于心，激于情。“花儿”流行于甘肃、青海、宁夏等广大地区。“花儿”又称“少年”，男青年唱的叫“少年”，女青年唱的称“花儿”。“花儿”结构分两段，前段比兴、后段是歌唱的主题内容。“花儿”已有 400 多年的历史了，内容丰富多彩，形式自由活泼，语言生动形象，曲调高昂优美，具有浓郁的生活气息和乡土特色。根据“花儿”的发源地，分为“陇东花儿”“河湟花儿”“洮岷花儿”三类。

梁堡村是唐制胜关西出陇右的孔道，是古丝绸之路的必经要道，是北方少数民族和中原的交融地带，处于开发较早的特殊地域；既受着深厚的中原文化的影响，又包容了西部地区各民族的文化精华。在梁堡村，“陇东花儿”“河湟花儿”和“洮岷花儿”异彩纷呈，各占一席之地。花儿曲调以商调式和羽调式为主，兼有宫、角调式。“花儿”以情歌为主，生活歌为辅。梁堡民间流行的“干腔花儿”，实际上就是“河湟花儿”“洮岷花儿”向东流动的变种。这种“花儿”前段是比兴，后段是主题。如《天下了，河长了》，“天下了，河长了，小哥哥赶了麦场了，碗里的眼泪漂满了”。又如《难过死我哩》，“东山的日头西山里落，心里头有话给谁说，难过死我哩”。

“花儿”在表演形式上多为独唱和对唱，众人合唱同一首“花儿”的情形比较少。在早些年，梁堡村人烟稀少，在生产力落后的“二牛抬杠”时期，村民在高坡山地劳作，或在荒坡幽谷放牧，或在火辣辣的麦地里收割，漫花儿就意味着解除疲劳。长途贩运、走亲访友以及赶集做买卖时，都采用人走、马驮、骑牲口等交通形式，走在沉寂的旷野上，“漫花儿”就意味着解除孤独、心慌。

梁堡村“花儿”的内容以爱情、劳动、生活等为主，通过赋、比、兴的艺术手法，和铺叙直陈的方法表达出底层人民粗犷忧伤的情感，歌词通俗易懂。农事生产是人们接触交流的最好机会，在劳动过程中产生了许多“花儿”。军旅文化是梁堡古代文化的一个重要组成部分，边地防御的充军邑人远离家乡、远离亲人，在枯燥、艰辛的环境中，思乡之情和恋念亲人的思想油然而生，他们常常相聚在一起，唱起家乡的曲儿，喊起家乡的“花儿”。

梁堡村“花儿”大多以单独分散演唱为主，也有对唱的，男女不限。“花儿”的句式多以四言为主，二节拍的四言句是构成“花儿”整齐韵律的基本单位。梁堡村“花儿”重章叠句的复沓结构，不仅便于围绕同一旋律反复咏唱，在意义表达和修辞上也有很好的效果。其间杂有二言至八言不等，如“一年的日子十二月，我一天一天数着过；竹竹扫帚扫院来，我和你哪一天见面来”。

村民唱的“花儿”粗犷、豪爽、热烈、奔放，欢乐中常夹杂着惆怅、苦闷、凄凉之情，并以村里的地名作比兴，反映的多是千百年来村民劳动、家庭生活及商贸交易、脚户（脚夫）等内容。梁堡村的“花儿”少有欢快的节奏，不仅因为歌词多反映时代的悲剧性情绪和爱情的悲剧性主题，还在于音乐的悲凉旋律。

梁堡村善于唱“花儿”的人很多，但到 20 世纪 70 年代后期，传统“花儿”在田间地头劳动耕作时唱的少了，青年男女慢慢发展为唱流行歌曲了。随着生活水平的不断提高、劳作方式的改变，尤其是信息时代的到来，人们对唱山歌有了新的认识。

梁堡村的“花儿”形式多样，题材丰富。反映男女爱情的“花儿”，表现出特定生活环境中青年男女纯真、炽烈的爱情及缠绵的相思或痛苦别离之情。反映劳动场面的“花儿”往往即景编词，其曲调粗犷活跃，节奏明快有力，如“打夯歌”。“花儿”小调则大多表现农村妇女生活中的喜、怒、哀、乐，是她们表达思想情怀的主要方式。

附 2:“花儿”选录

交上个朋友瞌睡多

豌豆角儿角对角，交上个朋友瞌睡多；
叫着醒来瞌睡着，急得我来又没奈何。

少年能活几天人

牡丹能开几天红，少年能活几天人。
今年不比往年了，头上挽起纂纂了。

你走远路想死我

大红果子十六颗，你走远路想死我；
三十里鸣沙二十里水，五十里路上看一回你。

相思病害上好不了

风尘尘不动树梢梢摇，相思病害上好不了；
一棵桃树两条儿根；两条儿身子一条心。

这时想起你来了

远看着南山雨来了，这时候我想起你来了；
白天想你做不成活，晚上想你着睡梦多。

情投意合好到老

月亮上来点明灯，我给干妹子绑头绳，
绑了个头绳红穗子，咱两个好上一辈子；
扎花的肚兜满腰转，当中里绣上个大牡丹，
干哥穿山满世界转，人多处显尕妹巧针线；
阳山蒿子阴山草，情投意合要好到老，
要是谁把谁不记了，直到口合眼眯了。

割韭菜号子

十七十八的女裙钗，昨天我离开舅父家，
手提上笼笼割韭菜，走来少年脸蛋白，
女娃子觉着事不巧，手提笼笼往回跑。

采花

南山上花儿开得白，蜜蜂飞舞采花来；
蜜蜂你在花头站，一场白雨泡烂干；
几时望着天爷晴，翅膀晒干奔庄村；
八月十五节跟前，赶的蜜蜂不安然；
杀我蜂儿吃了蜜，肠肚儿榨成黄蜡泥；
一两黄蜡二两油，黄蜡下在油里头；
蜡杆本是南山柴，白花花棉团缠上来；
东头点着西头亮，蜜蜂看见泪汪汪。

兰花儿

兰花你把人活好，直到陕西麦割倒，
陕西麦子上场了，兰花想成个黄连了；
马套车子牛拉铧，咱俩个几时到一搭；
你不急来你不慌，咱俩个迟早有一场。

十月怀胎

怀胎五月整，娃娃顶上心。
头脸一齐肿，重活儿做不成。
十月不到整，娃娃快要生，
吃睡不安稳，怕得四六风……

亲女婿

天荒了，地烂了，你把我的心搅乱了。
早上地，快些回，免得我门外望几回。
等到归时你不归，急得我心像蝴蝶飞。

催嫁

今日七，明日八，爹妈不给我寻婆家。
爹妈跟前不敢问，怕骂我不知道轻和重。
嫂子跟前忙打听，开口骂我是小妖精。
奶奶跟前低声问，耳朵聋了听不清。
爹妈一日发了话，说给我寻个好婆家。
女婿念书好人才，家里房舍一排排。
没见人呢咋说好，担心媒人编谎了。

进入21世纪，村里部分“花儿”艺人已经作古，“花儿”濒临消失的边缘。为抢救梁堡村“花儿”这一民间艺术奇葩，村里开始收集整理“花儿”，进行梁堡村非物质文化遗产保护。

童谣　童谣是为儿童作的短诗，强调格律和韵脚，通常以口头形式流传。童谣的内容取材贴近生活和自然，内容浅显、思想单纯。童谣的内容想象丰富，富有情趣；篇幅简短，结构划一。童谣语言活泼，富于音韵，朗朗上口。

流行于梁堡村的童谣主要是在乳儿的摇篮旁伴着母亲的吟唱而进入儿童生活中的。随着年龄的增长，儿童由感知到模仿，最终学会诵唱童谣，并从中获得审美享受。很多童谣是通过游戏方式来实现的，能与游戏过程相配合，适宜诵唱，呈现出鲜明的音乐性和节奏感。

附 3：童谣选录

羞羞羞，把脸扣，扣个壕壕种豌豆，今年不收明年收。

嗷—，嗷—，引娃娃，睡觉觉，睡醒来，要馍馍，馍馍哪，猫叼了，猫儿哪，上㐂了，㐂儿哪，雪盖了，雪儿哪，太阳晒消了，太阳哪，云罩了，云哪，风吹了，风哪，墙挡了，墙哪，猪毁了，猪哪，刀杀了，刀哪，铁匠拿去了，铁匠哪，两碗长面胀死了。

咱俩好，咱俩上街买手表，你掏钱，我戴表。你要媳妇我给你找，一找找了个阿庆嫂。

豆豆菜，生拐拐，爷爷取了个花奶奶，脚又碎，脸又白，爷爷爱地格偎偎。

高的高，低的低，骑的骆驼赶的鸡，桌子安的板凳腿，山羊戴的驴笼嘴。

娃娃勤，爱死人，娃娃懒，狼娃子叼去没人管。

睡觉睡觉，眉合眼笑，听着鸡叫，心里发躁，掌柜一叫，皮脸一吊。
老鼠擀面猫烧锅，我娃子起来要馍馍。

唐僧骑马咚哩个咚，后面跟着个孙悟空；孙悟空，跑得快，后面跟着个猪八戒；猪八戒，鼻子长，后面跟着个沙和尚；沙和尚，挑着箩，后面跟着个老妖婆；老妖婆，心眼坏，骗过了唐僧和八戒；唐僧八戒真糊涂，多亏孙悟空眼睛亮，眼睛亮，冒金光，救了师父唐三藏。

小老鼠，上灯台，偷油吃，下不来，喵喵喵，猫来了，叽里咕噜滚下来。

大头大头，下雨不愁，人家有伞，我有大头。

拍花花手，买酿酒；酿酒高，跌断腰。腰里别个红马刀，割红草，喂红马，红马喂得胖胖的，老娘骑上告状呢，告的什么状，告的扁豆状，扁豆不会担水，一担担个尖嘴，尖嘴不会挖辣辣，一挖挖出个瞎大大，瞎大大不会编背篼，一编编到门背后……

烟锅子烟，冒冒烟，牛耕枕，种夏田，夏田黄，搬上场，连枷打，簸箕扬，一扬扬到笸篮县，笸篮县的女儿做针线，针穿了，线断了，笸篮县的女儿不见了。

咕噜雁，扯长线。一扯扯到马家院。马家女儿会擀饭，擀了两碗好长面。下到锅里莲花转，捞到碗里一根线。你一碗，我一碗，你把花碗拌掉我不管。

古经古，古经古，古经湾里打老虎；老虎打到山背后，碰见爷爷编背斗；背斗编得大大的，牛粪拾得多多的；炕眼添得热热的，娃娃睡着憨憨的。

◉ 民间手工艺

梁堡人的生活离不开竹子。起先梁堡人就近取材，割竹子扎篱笆、扫竹（帚），后来许多生活用具都用竹子加工而成。村民将竹子除掉毛枝，破蔑儿编炕席、背篼、筐子、笸篮、筛子、竹笼罐（装筷子用）、马牛笼嘴等自用或销售，牢固结实，经久耐用。那时，大家都很崇拜竹篾匠，因为日常生活中会用到很多篾制用品。随着社会发展，人们的生活不断发生变化，为满足物质生活的需要，许多村民外出拜师学艺，村里涌现出一大批能工巧匠，有毡匠、木匠、石匠、箍桶匠、铲匠等。

编背篼 背篼是农村不可缺少的劳动工具之一，农民背土、背草、上山背树叶等都离不开背篼。梁堡村靠近关山，20 世纪 80 年代以前，村民进山割竹子编背篼是常有的事。村民中有不少编背篼的能手，几乎家家都使用他们编的背篼。

编背篼的程序有备料、盘底、编织、加固锁口、拴背篼系等。

竹编工具（2016年）

备好料后，先打切竹棍，再把竹棍破成竹篾，然后准备好两根一样长的木条做背篼的四棱大筋。接着是盘底，先将两根木条组成一个“十”字，“十”字相对的两个面大，另两个面小，固定后用火烧烤使其弯曲，形成一个尖底的长方体，再在尖底部用粗一点的竹篾用十字叠放辐射作筋，然后用竹篾条一圈一圈地绕木角、竹篾筋盘，盘一个圆圆的底，约大碗口那么大。盘完底后，织篾丝，篾丝需一圈一圈地织，依木筋框是一个长方形，每织完一圈都要用手细细地挤压紧，不留一点缝隙。越往上长方框越大，呈敞口状。在织的过程中，要注意不断地将其按压成形，这是一个非常重要的步骤，按压的结果直接影响背篼最后的形状。如果织的过程中按压不到位，背篼织成后，可能会鼓鼓囊囊的，会影响使用人背时的舒适感。编好后要用粗一点的竹篾锁口，口锁好后拴上背篼系就完成了。

编笸篮 20世纪80年代以前，笸篮是梁堡村家家必备的工具，剥玉米、淘小麦、存粮食、逢年过节放各种各样的面食都少不了它。过去梁堡村的村民大多都会编笸篮，20世纪90年代以后，人们多用塑料盆、铝盆，用笸篮的家庭越来越少，编织笸篮的人几乎没有了，这独特的民间手工艺到了后继乏人、面临失传的境地。编笸篮有很多道工序，要用竹棍子、刃子、小钉锤、竹篾4样工具。编织时，从外层打底，在里层编席，把外层与里层沿边封口。20世纪70年代，除了木编、竹编外，梁堡村村民还会草编，用麦秆编草帽、编小笸篮。梁堡村妇女大多都会草编传统工艺。

打席

打席即编席，过去梁堡村村民盖了新房或给儿子娶媳妇时，都要为新盘的炕打上一页席。“炕上没有席，脸上没有皮”，可见席子是当地村民家的必备之物。其他地方多用芦苇秆、高粱秸来编席，而梁堡村的席主要是竹篾席，光滑柔软、经济耐用。打席的工序有十几道，从关山割来竹棍子后，经过去竹芒、剔梢、破竹篾子、起篾子、编席子等多遍工序和繁重劳动后，一页成品席才能诞生。若按工艺过程和顺序来分，可将这些繁杂的工序分为竹棍处理备料、篾子整形准备、编席、合口、收边编制 5 个主要环节。

备料 从关山割来竹子或到集市上买来竹棍，选用端直匀称的竹子，劈制竹篾较好。编织竹席应尽可能用完整的竹篾条，以减少席面上断竹篾接头。

竹篾整形 将选好的竹料劈篾，再将劈的竹篾用磨的锋利的刃子起平，这道工序叫起篾子。要求竹篾条宽窄薄厚基本一致，并根据竹子表面的不同深浅颜色分开存放，以便编织时有规则地搭配使用，使席面的图案更加美观。

编席 席的编织从中间开始。先将两向篾互相垂直，从中心起编，采用板席底编法。排篾时每加一根篾，应相对前一根篾稍作挪动，使各篾端头编排成的形状成规则的长方形“人”字纹织面。逐渐添加席篾，继续往下编织，每加编一根篾之，都要用竹尺对刚加编好的篾挤拍几下，使篾条之间排列紧密，编织到长宽各两米即可。

合口 为使席面整齐美观，将席的四边改用挑一压三法编织一圈，所编织的人字纹织面称为“合口”。

收边 采用倒编法收边，即将竹篾头反压到席的背面编织，要求倒编的席沿应成整齐的直线。如编一页长宽各两米的席子，编者每天从早忙到晚需 6 天才能完成。

擀毡 史料记载，擀毡技艺最早产生于草原游牧民族。元代，回族、蒙古等少数民族在六盘山地区聚居。当地百姓见蒙古人、回民用毡作被褥，非常实用，就主动向他们学习。从此，擀毡技艺在六盘山地区扎根，并出现了专门从事这一行业的毡匠。梁堡村在 20 世纪 40—50 年代有毡匠做毡活，如毡、毡帽、毡裹肚、毡靴等。

擀毡是一种纯手工作业，从弹毛、铺毛、喷油、喷水、撒豆面到再喷水、再铺毛、卷毡、捆毡帘、擀竹帘、解帘子压边、洗毡、整形、晒毡，14 道工序缺一不可。

首先要经过弹毛，毡匠先把弹羊毛用的超过两米的大弓挂起来，再把准备好的羊毛放在大弓下面，毡匠左手握着弓背，右手操着用牛皮做成的拨子上下拨动弓弦，羊毛被弓弦弹成白净的絮状。

羊毛弹好后，将羊毛絮均匀地铺在预定的帘子上，用压扇压实毛絮，先喷小麻子油，再均匀地喷上热水，然后撒豆面，最后将羊毛和帘子紧紧卷起，用力蹬踏帘卷，把羊毛加压成毛坯，把毛坯展开将四边均匀折回，并在毛边上加毛、压实、洒水、再把毡坯铺在门板上，两人坐凳上来回蹬毡坯使其展开，或者双手支起一根长棍，进行跳压洗毡。稍停再反复浇热水洗涮，一条毡便基本成形。接着，将成形的毛毡展开铺在竹帘上，四边洒水、搓毛卷边、勾角定型。最后卷起毡坯在院内角落处进行晾晒，直到晾晒出油才能使用。

一块羊毛毡往往可供两三代人使用，然而这样结实又实用的羊毛毡，其制作工艺却濒临失传。随着村里老一辈擀毡艺人的慢慢老去，生活中需要毛毡的人越来越少，加上现在的年轻人都不愿意学擀毡，这一非物质文化遗产将面临着断代失传。

凿磨子　20 世纪 80 年代以前，凿磨子是梁堡村一些村民谋生的手段，因为磨子是过去农村加工粮食的工具。磨子的材料是一种软硬适中、韧性好、耐磨损的灰麻色磨子石，经手艺高超的石匠打凿数十日而成。它分上下阴阳两扇，磨盘相合使用，阳扇在下，有齿有磨心，阴扇在上，有齿还有进料的磨眼和料槽。磨子分大小两种，大磨两圆扇直径 1 米多，用土石垒砌磨盘支撑，上扇边沿凿一小洞，系一手指粗的绳圈，用锄把粗约 1.5 米长的木棒插入，推其绕磨盘逆时针行进，加工麦子等粮食。而小磨又称手磨，直径不足一尺，上扇安装一木制手柄，可支于锅头、桌面、簸箕内，使用者坐于木凳之上，一手推磨、一手添料，用于加工辣面、米面、炒黄豆面等细作东西。大磨须用大力，走着推；小磨用小力，可坐着推。

20 世纪 80 年代以前，梁堡村有几盘石磨和多位从事凿磨子的石匠。随着社会现代化发展，机器加工面粉取代了古老的石磨磨面，凿磨行业也几近失传。

木匠　木匠在梁堡村是一项古老的行业，他们为村民修房、做家具等。在梁堡村会这项手艺的人不少，他们的木工手艺在奠安、岳堡一带是有名的。

箍桶匠　箍桶匠就是把一片一片的木料用铁箍箍成桶的人。20 世纪 70 年代以前，因金属稀少，人们通常用木料做水桶。木桶由箍桶匠专门来做，箍桶的木板不能直，要推成弧形，桶底要圆，上下铁箍要圆，合缝要严实紧密。木桶用久了会渗漏，就得请箍桶匠修补一下了。有的木板被水泡久了会烂，要找箍桶匠换上新桶板。现在人们多用塑料桶，连铁桶也少见了。

铲匠　毛驴在西北农村到处可见，普遍使用。在梁堡村有一种绝活儿，就是给牲畜铲蹄子。20 世纪 90 年代以前，机械还没有代替牲口，梁堡村有一定数量的驴骡畜力，每年的农闲时节是最适合给牲畜“剪指甲”的季节。

铲蹄匠人的工具主要是一只马凳和几把锋利的铲刀，还有羊角钉锤之类的小工具。

尤其是匠人的那只马凳比普通柴凳略高一些，以一般骡马的腿能跪在上面为适合。农闲时，铲匠会在村口支上马凳，农户把自家的骡、马、驴牵来修蹄甲。村民帮忙用麻绳把驴捆绑在电杆上，把驴的一条腿跪在马凳上，让驴蹄子翻起，铲匠就认真地铲掉驴蹄子长出来的趾甲。

铲蹄是一个兼力量、技巧、经验于一体的工作，也是一个脏累的营生。如今，机动车基本取代了畜力车，梁堡村的牲畜已不用干太多重活，所以给驴铲蹄子的活计越来越少了，从事这一职业的村民也基本消失了。

铁匠 铁匠就是以打铁为生的人。打铁盛行于 20 世纪 80 年代以前的梁堡村。

铁匠以铁为原料，靠一把小小的铁锤打造出各式各样的生产工具和生活用品，并以此来养家糊口。打铁的工具主要有炉子、锤子、铁砧、铁钳等，打铁的工序包括选料、烧料、锻打、夹钢、淬火、铲口等环节。

城堡文化遗存

碑刻 梁大爷功德碑，据当地老人讲，清乾隆年间，地方盐税过重，百姓负担不起，村民梁大爷与静宁翟某一同，冒着杀头的危险上朝廷告御状。官司告赢后，朝廷斩了县令，减轻了盐税，因此当地老百姓为梁大爷立了功德碑。石碑现在梁堡村西北的水沟路边，因年代久远，石碑已断为两截，上面的文字亦脱落殆尽。

古籍

医书《元亨疗马集》 梁堡村一组村民家藏。版本为明版丁序《元亨疗马集》本，线装竹纸刊印，是中国兽医学宝库中内容最丰富、流传最广的一部兽医经典著作。清代至今俗称《牛马经》，原系明朝南直隶庐州府六安州（今安徽六安市裕安区西河口乡）喻仁（字本元）、喻杰（字本亨）兄弟两人所著，自明朝万历戊申年（1608）初梓（按丁宾序言“近梓其治疗图方”一句确定）以来，至今已经 400 余年。此书作者兄弟两人都是当时的名兽医，此书问世后，成为当时

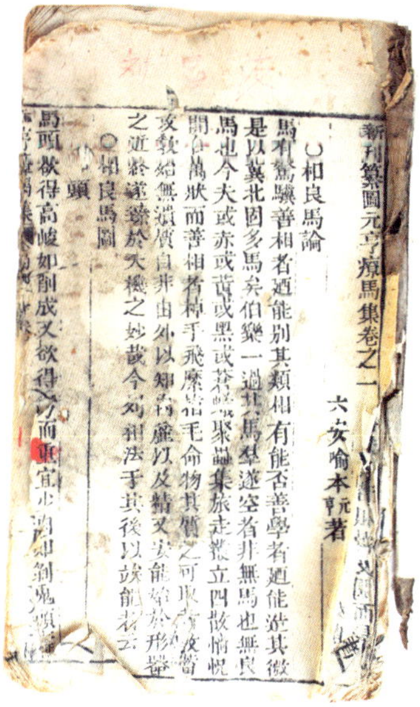

村民家藏《元亨疗马集》（2016 年）

一部总结性的兽医经典并普遍传布，明、清两代不断翻刊，并次第流传到日本、朝鲜、越南以及欧美各国，对中国和世界兽医学的发展有较大影响。

《三乐斋·字彙·卯集》 梁堡村一组村民家藏，为明代木刻本，线装竹纸刊印。作者梅膺祚，字诞生，明代安徽宣城（今安徽宣城市）人，明国子监太学生，有“古代字典体例的开创者”之誉。所著《字彙》一书最负盛名，成书于明朝万历年间，为海内珍本。《字彙》对《说文解字》作了重大改革，将其 540 个部首归类合并成 214 个部首，并首创按笔划多寡排列部首和单字，使字典具备通俗实用和便于检索的特点。《字彙》全书 14 卷，收录 33179 字，突破“轻俗”，“重正”传统偏见，采“正俗兼收”原则，保存一大批古今俗字，适当选收历代字典不收或漏收之字，故而一些在《康熙字典》《中华大字典》难以检得的字，在《字彙》都能检得，且可收考证核补之效。《字彙》备有“运笔”“从古”“遵时”“古今通用”“检字”“辨似”“醒误”“韵法直图”“韵法横图”等多种附录，从不同方面告诉读者正确书写、阅读和辨认汉字。如“运笔”收有 73 个不同形体的字，一一标出各字的书写顺序，以便读者触类旁通、举一反三，培养正确的书写笔序；“辨似”列有 500 个 265 组笔划形体微异的字，分别注明音义或点明写法，以示区别；“醒误”则列举一些容易写错或为坊间误刻的字，如“误读”中“抔”，指明“音裒（pōu），手掬之也”，“杯”系酒器；“从古”“遵时”“古今通用”则分别指出哪些字应从古体写，哪些字应按当时的通行写法，哪些字两者兼可等等。《字彙》具有极高学术价值，是不可多得的善本。

《孔圣枕中记》 梁堡村一组村民家藏，为民国手抄本。其成书具体年代不详，毛边纸线装。《孔圣枕中记》是一本托名孔子所著的预测未来的著作。全书分上元甲子 60 年、中元甲子 60 年、下元甲子 60 年，是一本按甲子排序逐年进行预测自然的古书。目前，可见到的早期版本有同治、光绪及民国版本。

《醉墨轩画稿》 梁堡村一组村民家藏，为 1931 年石印线装本。《醉墨轩画稿》作者胡郯卿（1865-？），近代画家，今南京白下区人。《醉墨轩画稿》为 4 卷本，计 182 幅画作，当时由安徽桐城张鹤年题签，江苏丹徒（现江苏镇江市丹徒区）李丙荣和浙江青溪（现浙江淳安县）钱选青为其作序。钱选青序末标明时间为清宣统元年（1909），胡郯卿画作落款时间为丁未、戊申（清光绪三十三年至三十四年，即 1907—1908），有的作品上还写有“白下郯卿写（画）于海上、沪江、申浦、申江、春申”等上海的别名。梁堡村民家藏的这本画稿，印有“民国三十六年新印，上海锦章书局发行，板（版）权

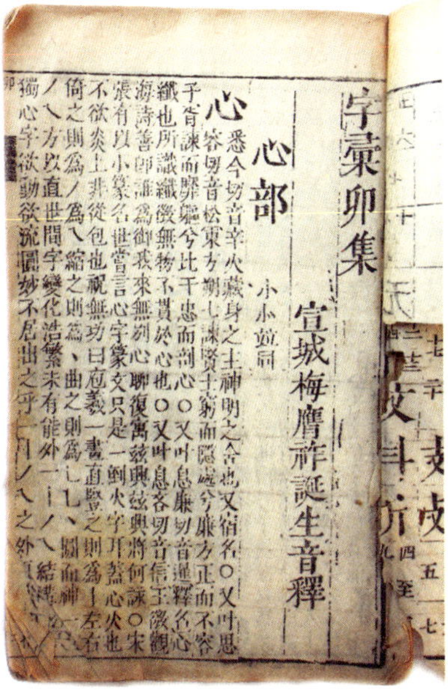

村民家藏《三乐斋·字彙·卯集》(2016年)

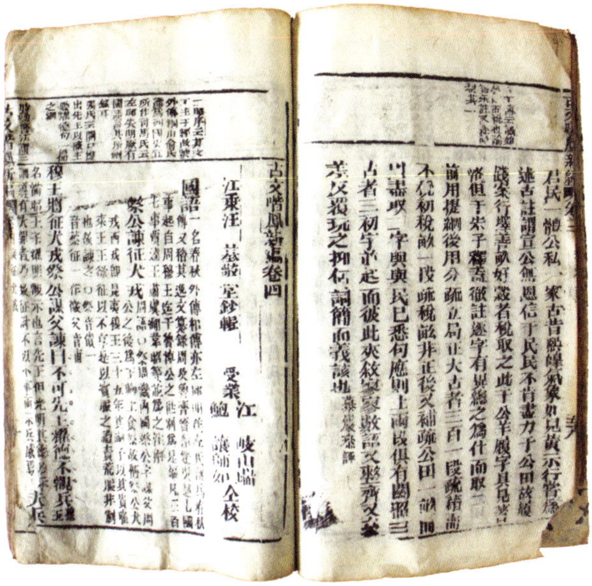

村民家藏《古文喈凤新编》(2016年)

所有”20个字，是将宣统旧版作了增减后再次出版，故称新版。

《古文喈凤新编》 梁堡村村民家藏，为清朝竹纸木刻线装本。书中印有“江乘汪基敬堂先生抄辑，毛啟瑞堂藏版”字样，由清朝中期汪基（敬堂）编著。

《古文喈凤新编》为4册8卷本，毛啟瑞堂藏版，汇集中国从春秋到明代各朝美文，流传广泛，被多次翻印。

印章 梁堡村一组村民家藏一枚“济世堂记”印章，刻有“隆邑”“济世堂记”“南乡梁家堡本街坐南向北药材老局丸散具全来者不悮”字样。说明当时济世堂的具体位置在隆德县南梁家堡本街，坐南向北，是药材铺老字号，药材丸散俱全，来买药的人不被耽误。

村民家藏“济世堂记”印章（2016年）

匾额 “世德堂”匾额，镶嵌在村民刘昌珀家上房门框上面，由木质材料做成，长1.65米，宽0.7米，中间刻有“世德堂”三个大字，右边落款“岁在乙卯浦月上浣之吉”，左边落款“表弟薛梦麟赠”。

“宝婺增辉”匾额，梁堡村村民家藏，由木质材料做成，刻有“宝婺增辉”四个大字。因年代久远，边框已毁坏，落款不知所云。

官帽架 梁堡村一组村民家藏清朝精美木雕官帽架。官帽架，即架帽之用具。清朝官帽，下为寇，上又分顶戴与花翎，称之顶戴花翎，尤其在清朝前期朝冠制度极为严格，而帽架也就成为其人冠帽身份的象征。

砚台 梁堡村一组村民家藏一方洮砚，年代无可考究。

食盒 梁堡村一组村民家藏有一个明朝制作的食盒，盒盖遗失，只剩底盘。食盒是专门盛放食物酒菜、便于携带行走的长形盒子。这个盒子能盛 8 个小碗，主要是供祭祀用的，把做好的 8 小碗献饭装在食盒中，端到神位前敬献。食盒是木质的，底盘四周镶嵌有竹条纹，做工精巧，滴水不漏，典雅庄重，既美观又实用。

钟鼓楼 梁堡村一组村民家藏有清朝康熙年间的朝廷所赐钟鼓楼一对，今已毁坏，只存有钟鼓楼上镶嵌的龙头和底座。

太师椅、八仙桌 梁堡村一组村民家藏有明朝太师椅、八仙桌，均为酸刺梨木制作而成，呈深枣红色。

字画 梁堡村一组村民家藏有一幅古字画，中堂是一幅写意山水画，画面上大山之下，小桥流水人家。院落后面是茂密的小树林，前面河流小桥，河流两边桃红柳绿，题款是宋代志南的诗句“古木阴中系短篷，杖藜扶我过桥东。沾衣欲湿杏花雨，吹面不寒杨柳风。”“丁亥秋日”“锡凤”。对联为“春风大雅能容物，秋水文章不染尘”。落款已模糊。

村民家藏清朝官帽架（2016 年）

村民家藏洮砚（2016年）

村民家藏明朝烟灰盒（2016 年）

村民家藏明朝水烟壶（2016 年）

水烟壶 梁堡村一组村民家藏有一明朝铜质水烟壶，水烟壶为黄铜制作而成，外包黑色皮套。

烟灰盒 梁堡村一组村民家藏有一明朝木质雕花烟灰盒，盒体为正方体，四面分别雕刻有牡丹、菊花、荷花、梅花图案，四边都刻有“万字不断头”的花纹。花纹图案皆为阳刻，盒体为枣红色。

冬日梁堡（2014 年）

风土民情

历来风俗的变迁总是和社会的变迁紧密联系在一起的。梁堡村也不例外，承载着丰厚的文化与历史的变迁。处于21世纪的梁堡，不仅在经济、文化上发生着巨大变化，习俗风尚也在悄然发生着改变，移风易俗成为时代的潮流。一些封建迷信、愚昧落后的社会习俗被剔除，取而代之的是社会主义新时代的新习俗，这种新习俗和传统习俗共同存在，使梁堡村呈现出一种全新的局面。

美食小吃

梁堡村村民就地取材，发挥聪明才智，制作成许多美食小吃。主要有日常吃的洋芋疙瘩、浆水面，过年接社火或招待客人的暖锅，五月五（端午节）吃的凉粉、甜醅；随季节获取野菜制作的美食小吃有地软包子、苜蓿菜、苦苣（苦苦）菜、灰菜、辣辣等。

洋芋疙瘩 洋芋即马铃薯，是当地重要的农作物。梁堡人把洋芋既作为主食又作为副食。无论是招待客人还是居家小吃，洋芋都是大家喜爱的食品。尤其是洋芋疙瘩，更是当地人一日三餐吃不够的主食。洋芋疙瘩制作简单，将洋芋切成大约 3 厘米长的条状（俗称洋芋条条），将菠菜、蒜苗和葱也切成和洋芋条条同样的长度，西红柿切成薄片。先将切好的洋芋条条、蒜苗和葱一起放到锅里加调料爆炒一会儿，倒入适量的水，再将菠菜和西红柿放入锅中，盖上锅盖煮，等洋芋条条熟时，放入少许酱油和醋，洋芋条条菜便可出锅。然后将和好的面团用擀杖擀成厚度 1 毫米左右的面皮。将面皮折叠，切成 3 厘米长的菱形片（俗称疙瘩），切疙瘩时不能让疙瘩相互黏在一起。之后，将切好的疙瘩放到开水锅里煮，煮熟后将锅里多余的面汤盛掉，再将前面炒好的洋芋条条菜放入锅里，调剂少许辣椒油和其他调料就可以出锅了。这种做法的洋芋疙瘩最好吃，也可做成浆水的，和上酸菜特别爽口。

浆水面 在梁堡村，家家都有浆水。浆水的制作过程是把下面的面汤舀到一个罐里中，选用鲜嫩的苦苣、苜蓿、荠菜等野菜或芹菜为原料，切细煮熟后加上发酵引子，捂上几天变酸就可以调饭用。以后用去多少，就用面汤往罐里添多少，自生自用。

浆水面是梁堡人家家户户最普遍的饮食，梁堡人十分喜欢吃浆水面，是梁堡村的特色小吃。浆水面以面粉为主要材料，将面粉调制成面团，手擀切成 4 厘米的面条或菱形面片。再将洋芋切成大约 3 厘米长的条状，然后炝好浆水，炒好韭菜辣椒备用。烹饪时将洋芋条条用清水淘一下，放进锅里倒上水，把洋芋条条煮熟，下上面条或菱形疙瘩，等面条或疙瘩煮熟后，将事先炝好的浆水、炒好的韭菜辣椒调到锅里，加上葱花、香菜等，浆水面就做成了。

梁堡浆水面制作简单、入口味美、经济实惠。常吃浆水面对某些疾病也有特殊疗效，如芹菜做的浆水面，有降低和稳定高血压的作用；苦苣菜做的浆水面，有除湿利水、化瘀消肿、健胃驱胀增加食欲的功效；以苜蓿为原料制作的浆水面，有清热利尿、止血定喘、和脾利肠等功能。清末兰州进士王煊有诗《浆水面戏咏》：“消暑凭浆水，炎消胃自和。面长咀嚼耐，芹美品评多。溅赤酸含透，沁心冻不呵。加餐终日饱，味比秀才何？”说的就是浆水面的绝妙之处。

土生土长的梁堡人，个个都是吃浆水面长大的。这浆水面是一种很普通的美食，也是梁堡人数千年来离不开的可口面食。

暖锅 烧暖锅，首先在暖锅中放入切好的豆腐片、肉丸子、蛋饺、粉条（须当地产的洋芋粉条）、萝卜片（白萝卜先切成薄片，下开水中汆过，捞出晾凉备用）、大豌豆菜、白菜、木耳、黄花菜、蘑菇等，这些配料在暖锅中集中码好后，在其上面有序摆放切好的肉片（肉片的做法是带皮猪肉煮八成熟时捞出，下油锅煎炸，待肉皮颜色变化后，捞出在肉皮上涂抹糖稀，再用先前的肉汤煮熟。这样煮出的肉肉皮金黄，肥肉也肥而不腻）。然后倒入事先准备好的高汤（鸡汤或猪肉汤均可），让肉汤略微盖过肉片。高汤中可加入大葱、辣椒面、精盐、姜粉、花椒面、大料（八角）等，此时就可以盖好暖锅的盖子。在暖锅中心的火炉中放入燃烧的木炭（如无木炭，煤炭亦可），然后用长烟筒抽烟或者扇子扇风，将暖锅的炉火烧旺。待暖锅中肉汤沸腾时，即可端上餐桌围坐开吃了。

暖锅中的汤和肉菜变少时，可继续添加，边加边吃。洋芋粉条、豆腐片、萝卜片都是事先准备好的，可直接下锅煮食。虽然有点像吃火锅的感觉，但味道比火锅更好。

吃暖锅寓意全家团圆，通常是春节期间吃，或自家人享用，或作为待客的美食。尤其到村里接社火时，在大场摆放一长排桌椅板凳，家家户户把自家的暖锅装好端来，摆放在桌子上，全村人一起享用。如今，暖锅已成为梁堡人招待客人、自家随时享用的特色美食。

凉粉 梁堡人做凉粉以荞面珍子为原料。制作方法是先把荞麦碾成荞珍子，去衣后将荞珍子用手工碾成粉末，放在清水中浸泡，再装在干净的布袋中放在水盆里揉搓过滤；滤出的精华部分倒入锅内搅拌煮熟，盛入碗、碟、盘子之中晾凉，白色的面糊就会冷凝成白色半透明状，晶莹透亮，白嫩而富有弹性。食用时将凉粉切成凉粉条儿，放入碗中，再加入胡麻油、盐、酱、醋或浆水，放上胡麻油炒的韭菜、蒜苗、咸菜等调料，一碗清溜溜、白嫩嫩、凉丝丝的荞面凉粉就做好了。荞面凉粉光滑鲜香、清爽可口，是夏季消暑、开胃的最佳食品。

甜醅 甜醅是梁堡村的风味甜食。做法是将原料（莜麦、青稞或小麦）淘洗干净，放入水锅中烧开，用慢火煮至开口能食，捞出摊开晾凉，将甜醅曲均匀拌入，盛入瓮器盖严，置在保温处发酵即成。夏天吃甜醅，醇香、清凉、甘甜，清心提神，有消夏防暑之功效。冬天吃甜醅，清凉可口、壮身暖胃。

由于温室蔬菜的普及，现在的社会一年四季都能吃到新鲜蔬菜，而野菜是个例外，梁堡村村民以当地自然资源野菜为原料可制作许多特色小吃。

地软包子 地软又名地皮菜，是梁堡村当地人极为喜爱的野菜之一。它含有丰富的蛋白质、钙、磷、铁等，具有补虚益气、滋养肝肾的作用，属低脂肪营养保健菜。常见于山坡较潮湿的环境，干燥时色黑，湿润时呈墨绿色胶质团块状。地软包子是梁堡村民用来招待贵客的美味佳品，还可用来做汤、炒菜等。但地软性凉质地润滑，脾胃虚寒泄泻者不可多食。

苜蓿菜 苜蓿又名三叶草，具有解毒、利尿、消炎、抗霉菌、降低胆固醇、平衡血糖等功能。梁堡村村民食用苜蓿方法很多，可凉调、烹炒、调汤，可包饺子，也可榨汁烙饼。

苜蓿一年四季都有，春天的嫩苜蓿食用味道最佳。当地谚语说“三月三，苜蓿芽芽缠搅团”。每年三月苜蓿新发，嫩芽肥胖、营养丰富，是农家餐桌上常见的一道时鲜

榆钱（2016 年）

美味。梁堡村有句顺口溜："梁堡妇女有三爱：丈夫、棉花、苜蓿菜"，这足以说明苜蓿菜在梁堡村的受欢迎程度。

榆钱 榆钱是榆树的种子，因其外形圆薄如钱币，故而得名。又由于它是"余钱"的谐音，因而就有吃了榆钱可有"余钱"的说法。初春时，梁堡村的村民们会趁鲜嫩采摘下来，将榆钱与用莜面或玉米面和成的小团放在一起烩熟，做成榆钱面食用；也可做凉菜。

苦苣（苦苦菜） 梁堡村的田野里随处可见苦苦菜。民间俗称苦菜，是一种药食兼具的无毒野生植物，多年生草本，有宿根。富含胡萝卜素、维生素 C、钾、钙、镁、磷、钠、铁等元素。如今的苦苦菜成为一道上席的特色凉菜，也是梁堡村民餐桌上常见的菜肴。

灰菜 灰菜又名藜，梁堡村人们也把它叫灰条，主要生于田间地头路旁、房前屋后等。幼苗和嫩茎叶可食用，味道鲜美、口感柔嫩、营养丰富，是实至名归的绿色蔬菜。食用灰菜时，把洗净的灰菜用沸水煮一下，捞出来用清水漂泡，可以炒食、凉拌或做汤。

辣辣 辣辣是梁堡村一年中最早冒头的植物之一。春雨一过，辣辣就会纷纷冒出头，村里的小伙伴呼朋唤友，拿上各种自制的小刀，去田间地头山垅开挖。辣辣嚼起来有种淡淡的辣味，故被称为辣辣。20 世纪 80 年代以前，梁堡村的孩子都挖过、尝过，辣辣可生吃。

◉风俗　信仰

在长期的社会生活中，梁堡村村民沿袭前人的生活方式，逐渐形成了稳定的社会风俗和行为习俗。这些传统风俗同当地村民的情绪和社会心理密切结合，成为村民们自觉或不自觉的行为准则和生活习俗。随着时间的推移，有的风俗已经消失，有的传承至今。

农耕习俗

经过几千年的农耕文化承传，梁堡村今天仍然以农耕生产为主。农谚云："九九尽，开桃种；九尽了，种混了。""庄农不离三月土。"农历正月下旬或二月初，山川大地冰雪消融，春天要按时序开始播种。

动农　每年开始播种的第一天，称"动农"，即开始动农活，亦称"动龙"。"二月二龙抬头"，龙为水神，庄稼丰收，需要龙神泽润。旧时，在第一次开始播种时，要举行简单的"祭龙"仪式。全家人牵上耕牛，找上耧、耱、锨、枹子等劳动工具，背上种子，端上香火纸炮、酒茶来到地中心。首先架起耕牛，在地心耕一个大"田"字或一个大圆，象征粮囤。然后，全家跪在田字或圆中心，烧香化表，奠酒泼茶，顶礼膜拜，祈祷龙神保佑，一年风调雨顺，获得丰收。祭祀结束，开始播种。

打灰簸箕　二月初二这天，妇女起得很早，净手后将灶膛的草灰掏在簸箕里，然后由掌柜的端上，一手持小棒，沿屋基墙根打撒，口中并念道："龙抬头，虎抬头，各样虫虫都抬头，一棒打在灰里头。"掌柜的一边打撒，一边念词，一直布撒到场心。草灰有杀虫作用，在龙抬头日布灰的主要目的是祭祀天地神灵，保佑一年中不要发生虫害，确保庄稼丰收。

浆种、捏籽　浆莜麦种子，捏豌豆、荞籽都是农民科学处理种子的一种传统办法。浆种是将水烧开，舀入备好的瓷盆内，再将选留的莜麦种子倒入盆中，一人用推把（填炕用的工具）混搅少顷，用竹罩打出，倒进过筛的炕灰中，反复搅拌均匀后晾晒，盛入袋中即播种。捏种是将豌豆、荞种捣入粪便中，加过筛的细灰，用推把反复捣和，使种子粘满粪灰，堆起捂半天时间，然后按量搅入地里的土粪中铺种。

二人抬杠　指春秋播种时，无耕畜人家二人前后抬一木杠，杠上拴耕犁，后面一人犁地，窜籽、铺粪者紧随在后面，这种以人代畜耕种的形式，通称二人抬杠。二人抬杠的耕种形式在贫困地区被广泛采取。如今，在抢种季节这种艰苦的、落后的劳役在一些

打白雨的将军炮（2016 年）

地方还能看到。

祭“将军” 当地多发生雹灾，每年“四月八”要举行“将军爷”（驱雹铁炮）上山镇雨的隆重仪式。这一天，村民们抬上披红戴花的“铁将军”，捉公鸡、端香火盘、奠酒奠茶等祭品，在山顶（或山腰）打炮的地方，给铁炮装上黑色火药，众人齐跪，烧点香火，将鸡杀死，热血洒在纸灰中，并将鸡头置炮口上燃炮，一声巨响，冲上天空。主祭者一边化纸表，一边口中念念有词。祭祀结束，大家将鸡煮着吃，曰“吃山”。

开镰 即第一次动镰收割。这一天，主妇要做上好饭送到地头。吃前，需舀一些饭菜，抛向天、地、祖坟方向，敬天、祭地、敬祖先，表示共同分享丰收的喜悦。每天劳动结束，用不完的饮水和磨镰水都得倒在地里。

打碾 打碾是夏粮收割后，村民将粮食捆成小捆（俗称麦箢）在地里码成麦码，待干燥后，通过人背、牲畜驮或推车、人力车载运到场上，摞成大麦垛，多放在冬闲时打碾，曰“碾冬场”。打，指有人用连枷甩打，使籽粒脱穗；碾，即牲畜拉碌碡反复轧碾，使粒脱穗。经过多次翻抖，粮食粒脱草绵，衣（碾碎的颖壳、草秸、穗节）粒堆起，借风扬出颗籽，叫扬场。

献天爷 新麦磨面后，家人不得先吃，要烙或蒸新面馍献天爷。在当院摆上饭桌，端上出锅的大圆饼或出笼的五个热馒头，置桌上，上面插上香、鲜花，一炷香过后，即可取来一家人分食。献天以示丰收不忘天恩，天地尝新，以表谢意。

麦码子（2009 年）

缠转（2016 年）

节令习俗

梁堡村村民多是从陕西岐山、泾阳等地迁徙来的，其时岁习俗受中原文化的影响，传统节日均依农历推算，保持着传统的节令习俗。

春节 俗称过年，梁堡人过年，从腊月开始准备，腊月初八煮粥“吃腊八”。吃腊八粥有纪念佛祖的意思，因此腊八粥必须多做些，当天吃不完，可以连续吃几天，以吃到年三十为最好，预示丰食到年。

腊月二十三扫房除尘，洗濯器皿，晚上吃搅团、送灶君，梁堡人叫送灶爷。腊月二十三一过，村民们就开始杀猪、赶集、准备年货，梁堡人管这叫“办（pān）年”。

腊月三十（小月二十九），村民们早晨依惯例吃搅团，下午祭祖茔，鸣炮，贴对联、贴年画、糊窗花、糊灯笼，张灯结彩，一片喜气。除夕，阖家吃年饭，家长向众人散压岁钱及核桃、大枣、糖果等物。

清早，以宗族为单位，由晚辈相互约集，按辈分年龄大小沿门为长辈拜年。

早饭后，全村集体“迎喜神”，俗名“喜神出行”。“迎喜神”，即按喜神的方位焚表敬香鸣炮。迎喜神时，各家均在马、驴、骡、牛、羊之首系上黄表花，牵赶至一大块平地，击鼓、打镲、敲锣、鸣放大小炮。牲灵奔竞追逐，尘土飞扬；男女老少围观，热闹非凡。

正月初三之后开始走亲访友。年轻人要社火、打秋千等，尽兴玩闹。正月初九为“上九”。这一天，梁堡村要在社地搞放社活动。元宵节是当地春节期间民间隆重而热闹的节日，除了在大门悬挂彩灯之外，还有村民组织的社火表演。

此外，村民还有点灯盏的习俗。灯盏是用荞面、糜面、玉米面等杂粮面蒸的，其形状各异，手巧的人将家中人丁依各人属相分别捏成龙、虎、马、牛等形，也有捏成麦垛、粮囤等形的。天晚时分，村民便用清油点燃，除每人一盏外，还在院子中央、灶头、粮囤、面柜、畜圈等处各点燃一灯。这些灯要同时点燃，以其所燃时间长短和灯花大小占验各人来年的福祚。如果家丧老人，服制未满3年者，自家不蒸面灯，所点灯盏均由村邻相送。新婚媳妇一般正月十五在娘家点灯，正月十六在婆家倒灯。是日晚，诸晚辈手打灯笼，相邀集于村中游戏，名曰"散百病"。

点灯盏（2016年）

燎疳节 据说疳是一种寄生虫，能引起腹部肿大病。正月二十三晚，村民们都要在大门前堆积麦秸、杂草、葱须、蒜皮、花炮等物，点燃后火势渐旺，村民们便从火堆上跳越过去，抢着燎疳。意在让火烧去一年晦气和疾病，同时以祈求来年全年的平顺。燎疳结束后，有经验的老农还要将灰烬扬起来，观花以占丰年。这一天要吃搅团，传说能把疳魔缠走，农村还有炸煮干吊菜的习俗。秋天将萝卜切成片，用细绳串起来，吊在房檐下晒干，正月二十三晚上吃时，将萝卜干煮熟，切成丝，调上佐料食用，名曰"炸疳病"。

燎疳（2016年）

二月二 相传二月二这一天“龙抬头”。村民阖家吃搅团，用以“缠龙头”。早晨还要爆炒大小豆子，分而食之，有的会专门给孩子炒棋子豆（颗）。意思是“嘣龙眼”，听着锅里豆子噼里啪啦的炸声，龙眼睁开了，该开始按农事所需行云布雨，大人小孩都睛明眼亮了。这天还要扫席底尘土，掺以灶灰，绕院打灰簸箕，直至场心，名曰“驱蛇蚤”。

清明节 农历三月的一个节气。俗话说：“三月清明二月半，家家户户祭祖先。”梁堡村民在这一天要给逝去的亲人上坟，铲除坟院杂草，摆放上供品，于坟前上香祷祝，燃烧纸钱或献上一束鲜花，以寄托对先人的怀念。除在坟上烧纸钱、扫墓外，还要在坟头上挂坟纸。如果是当年新坟茔，要在“春分”日上坟祭扫。

端午节 俗称五月五，端午节有一系列以辟邪、驱虫为主旨的风俗，村民们将雄黄、苍术盛于荷包中佩戴，并在脖子、手腕、脚腕戴上五色花线，喝雄黄酒，用以驱蛇。有的孩子还佩戴虎、龙、蛇、鸡等面食动物。这一天的吃食较杂，烙花馍馍、煮鸡蛋、煮甜醅儿、煮粽子、擀长面、调凉粉等。这一天，家家要在天亮前在各房门插上柳梢（当地俗称杨柳）。

端午节戴荷包（2016 年）

此外，自农历三月起，全村孩子就开始砍柴火、搗喜鹊窝，在北山喇嘛墩垒“高山”，至端午而成。到端午节这一天，天亮前，人们在山神庙敬香后，家家赶上牛羊牲灵，老老少少都来看“高山”，并带上节日食品馈赠孩子。然后，人们焚点“高山”，鸣锣击鼓，人声鼎沸；晨星辉映，烟焰冲天，十分壮观。此项活动在 20 世纪 80 年代以后就消失了。

六月六 晒书画，晒衣物，采花酿酒和醋曲。

乞巧节 七月七日俗称乞巧节，这是由流传的牛郎织女的故事形成的节日。这天晚上，村里妇女们观看“鹊桥聚会”，听牛鸣鹊叫。她们各持针线和所绣“针插”、荷包等物，向织女星乞求智巧。

中秋节 八月十五即中秋节。这天晚上有献月亮的习俗。农家自己做了月饼，有的则买来点心之类，与桃、梨、苹果等水果一起放在院心的桌子上。圆月当空，一家人围坐在一起，讲究个团团圆圆，共同分享月饼、水果后，尽兴而散。

重阳节 九月九即重阳节。梁堡村民的传统是九月九日这一天举行“将军爷”（驱雹铁炮）下山的隆重仪式，仪式内容与上山相同。

寒衣节 农历十月初一为寒衣节。这一天，村民们在家里将献饭、水果等贡品摆放在桌子上的先人（已故的亲人）像前，焚香叩头。用纸为先人铰寒衣，晚上将寒衣封包起来在大门外焚烧掉，并放炮祭奠。谓之给已故先祖寄送御寒度岁的衣服，所以叫给先人“送寒衣”。

放社习俗 梁堡村村民大多是从陕西搬迁来的，他们保留了当地的一些传统风俗习惯，其中之一就是放社。

梁堡村在每年正月初九举办“放赦”活动，人们通过这种方式祈求村舍人口平安、风调雨顺、消灾免难、五谷丰登、天下太平，现在被称为“放社”。

梁堡村放社的具体方式是在村子南边寺屲山悬崖处的山顶上栽一个木桩，拴一根很长的绳索，一头拴在社地栽的木桩上，将年、月、日、时四个先行官、道教传说中的八仙及一个骑着仙鹤的老寿星顺着绳索凌空放下。四个先行官各有不同的含义：“年值”使者报得风调雨顺，“月值”使者报得五谷丰登；“日值”使者报得合村平安；“时值”使者报得人口平安。然后是八仙，按顺序两个一组，飘然而下，最后放下的是一个身驾仙鹤的老寿星，老寿星身上挂有一些祈保平安的护身符。这些社人、社鹤、社马都是按真人、真马、真鹤的比例缩小，裱糊制作而成。

放社活动早在正月初就开始筹备了。男人们和孩子们不分姓氏地“沿门子”拜年，庙会会长顺便安排放社活动的人员职责分工。正月初八一大早，会长就开始组织准备活动，地点在庙苑。扎剪纸活的，给社人缝新衣新帽的，装扮社的，平整场地或扫除积雪的，摆设神坛的，有条不紊，各行其是。

上九的正午时分，社地里已经聚集了十里八村很多人。实施放社的人行动得更早，他们敬过二郎神、土地神之后，在锣鼓、唢呐声簇拥下，扛着“社”，背着绳索，早已上山等候信号。山上一切准备就绪，一声炮响，山下一声炮响回应，社人、社鹤、社马就依次从山上飞下来。白鹤肚子里装着很多五谷杂粮和铜钱，当代表着幸福如意的老寿星乘坐着仙鹤滑到社地时，村民们争先恐后地从大白鹤肚中争抢着取走一个个铜钱、平安符，把幸福抢到手，把平安带回家。

“社”回寺院时，沿路鞭炮不断。队伍经过整个村庄，在将全村都圈进来了后，才恭恭敬敬地将“社”安放神坛，再等来年放社。

放社活动在梁堡村慢慢被简化，20 世纪 80 年代以后就不再举行了。

生辰礼仪 生子后免不了庆贺，妇女临产前十天，娘家人做新生儿衣服鞋帽数套，并带上馒头、糖果糕点等礼品去婆家催生。婴儿出生，第一胎男子要带上礼品到丈人家报喜。第三天或过几天娘家人带上鸡蛋、红糖、婴儿衣服等前来看望。产后第十天，男方家要延请接生婆（老娘婆）、同族长辈级娘家尊长等，同来吃酒，来着都带礼品，以示对产妇及婴儿的祝贺之意。产妇一月内不能出大门，称“坐月子。”

婴儿满月要请女性尊长为婴儿剃去胎发，凡第一胎婴儿，满月后要择日庆贺，俗称“做出月”。这一天，妇女、孩子带上烙饼、几尺布、婴儿的服饰(长命锁、项圈、老虎枕头、虎头鞋帽等)前来贺喜，主人家则设席招待。婴儿满百天时，俗称“百岁”。这一天要举行庆“百岁”，有些地方要为婴儿剃头，并在脑后留一撮头发，俗称“长寿发”。

婴儿一岁时，进行周岁纪念，梁堡一些地方叫“抓周”。这一天，亲戚朋友馈送礼品，一胎孩子则更隆重。书香门第有“拈周试晬”之俗：在炕四周摆放小玩具、钢笔、书本、脂粉、木尺、小牛鞭等多种玩具、文具及生活用品，将小儿放在炕中间，任其抓取，由此卜测婴儿的前途，志向与兴趣。

孩子稍大一些时，有的要“拜干亲”，就是认义父、义母，这曾是流行全国的一种

长命锁正面（2016 年）

保育习俗。在梁堡叫“拜干爹、干妈”；婴儿时期拜认的干亲可能是永久性的，终身保有这种关系，也有可能是临时性的，多则三五年，少则匆匆一晤，从此各不相干。进入20世纪80—90年代后，这种传统的生辰习俗已不多见，尤其是年轻一代在孩子满月时只请亲朋好友摆上几桌酒席表示庆贺。

婚嫁习俗

梁堡村传统婚嫁习俗礼节繁多，随着时代发展，婚嫁仪式逐渐从简，省去许多习俗礼仪，少数特色仪式保留至今。

提亲　梁堡村传统婚嫁习俗首先是央媒。男女双方到了成婚年龄，就需要有一个从中说合的人，这就是媒人，过去叫“媒妁”。男家在看中一个女子之后，认为门当户对，即央求媒人（一般为男家戚属）去女家说合，征得女方父母同意，问清女方相属及生辰八字，并请人推算，大相相合，男女双方年龄差数符合定数，就可以提亲。

媒人提亲后，如果女家不熟悉男家的情况，便托亲戚或熟知对方的人去打听男方的家境、门风、根基等，打听到实信，若无疑惑的地方，就算通过媒人同意了这门亲事，这叫允亲。媒人第二次提婚，男方家可以出两个帖子送去。女方家接受了帖子，表示答应了这门亲事，然后女家出两个帖子，叫媒人拿到男家，这叫调帖或换帖。调帖之后就选择吉日，媒人带男方到女方家见面相亲，俗称“瞅对象”。有时，由媒妁领女方父母带上女儿去男家相亲。

定亲　如女方同意结亲，男方就遣媒人前去议聘。聘金多少，随时代变化不同。

议聘之后就定亲，梁堡俗称“喝酒”。选择吉日，男方请本族中子孙衍盛、德高望重者一人，同媒人、女婿并带议定聘金及礼品去女方家。男方交彩礼，女方设宴，女家要准备丰盛的酒席，请家族中的长者来陪客人，一同吃“喜面”、喝“喜酒”，认亲议亲。定了的亲事两家都要相互尊重，信守婚约，不允许任何一家随意改变。订婚时，女方家桌子上要设香案，供家谱或神案，举行祭祖礼。

定亲之后，每逢端午节、中秋节等传统节日，女婿或男家父、兄要备办一定的礼物，如衣服、布匹、鞋袜等去女家，这叫“送节”，或叫“追节”。

迎娶　具体出嫁迎娶的时间，要请人推算，择吉日方可。

迎娶，俗称引亲。在选择的吉日里，男女双方都要准备出嫁、迎娶的事。女家嫁女叫发落、打发、给女子。结婚前几天，女家就准备嫁妆，叫木匠做或买一对木箱子，装上做新娘用的被子、衣服、头巾、鞋袜、枕头、首饰、脂粉等等。旧时贫寒人家发落女子，不叫木匠做或买木箱，只送三尺红丝布包袱面就好了。

迎娶这一天，男家装饰花轿或一匹大红马（驴），（忌骡子、忌骟马驴等不能生育的牲畜）。鞍羁都要披红挂彩，头额悬镜，驮上礼物（馒头、点心、喜酒、未给清的彩礼等）。还要多拿一些零钱，以防女家索要伴女钱、上轿钱、梳头钱、拉驴钱等。引亲者一般为 3 人、5 人、7 人，与所引新娘合成偶，共计数为 4 人、6 人、8 人。临行前差遣一未婚男子牵马（驴）先去女家驮嫁妆（古时指背箱），到了女家必须先给“压箱钱”，女家才能开箱装嫁妆。

迎亲的时间多以路途远近而定，路远启程时间早，路近启程时间晚。总之，新娘进门的时间要掌握在太阳快落山的时候，农村流传一种说法：“太阳为天，高山为地。”太阳落山寓意“天地结合”“天长地久”。古时婚礼以昏为期，因此亲迎必在黄昏以后，《释名》给婚姻下定义说：“婚，昏时成礼也；姻，女因媒也”。

娶亲人到了女家，行过大礼，由女家亲属或房下请到另一家吃“坐饭”。“坐饭”的主食是长面，菜是两小碟红萝卜丝。饭罢，请到女家吃宴席，喝喜酒。女家迎亲前，将婚书缝入嫁妆枕头，系在迎亲鞍杖扳手上，日后在婆家装枕使用，直到破碎，不再取出。

新娘临行时，由迎亲者一人拿一件大衣、伴女钱、木梳子，在女方亲戚的陪同下进入闺房，象征性地为新娘梳一下头，披上衣服，插上红筷子，搀上新娘佯装出门。这时，陪伴新娘的姑娘们拦住他要伴女钱，迎亲人给了伴女钱便可搀上新娘出门。

出门前，新娘要“哭嫁”。“哭嫁”主要哭父母的养育恩情、哭自己的心事。

送亲 送亲是女子出嫁时要做的工作。送亲人数一般是 4 人，到了男方家后，由引亲的人陪着吃宴席后，被安排在房下中房舍宽敞的人家休息。第二天早晨在住的人家吃了长面后，到男方家吃宴席。然后，送亲人由主家和新女婿陪送出村，新女婿一直往前送行，直到送亲的娘家人给了“送路钱”之后，方可告别。

女子出嫁前，女方家也过喜事待客，女方亲友赠财物给出嫁女叫“添箱”。所送礼物，过去多为被子、衣服、鞋袜、暖壶、洗脸盆、梳洗化妆品之类，女方家以“长面”、酒席招待亲朋庄邻。

婚礼仪式 举行婚礼时，男女新人由喜娘陪同在院子的香案前，由礼宾主持，双方拜天地、公婆，鸣炮、鼓乐，礼宾赞以吉词庆语。礼毕，喜娘领新人进入洞房。

进洞房后就是闹洞房，庄家小伙们、姑娘们、女婿外甥拥到洞房，用种种歪招刁难新娘。新人入洞房后还有挑盖头、换盅、暖床等仪式。

新娘出嫁时，头上顶三尺红绸（或红布）头巾，即盖头，用来遮掩新娘的脸面，新娘入洞房在炕沿坐好后，新郎的弟弟或堂弟用擀面杖从新娘头上挑下盖头，挑出洞房，一直挑到院子早候的新娘婆婆面前，婆婆立即用衣襟把盖头抱在怀里，抱回灶房，表示儿媳进门后会一直孝顺婆婆。这种仪式叫挑盖头。

换盅是指由伴娘端来两碟红萝卜丝菜、一壶酒、两个小酒盅、两双红筷子、一条长6寸或8寸的红线，线两头拴两个麻钱，置在两个酒盅内，添上酒，并将公鸡冠割破，往酒盅内滴上少许鸡血，新郎新娘各端一盅，脸紧挨脸，各喝半盅，再相互换过来喝完，要共饮4杯。喝酒时，麻钱不准拽出，要用手指巧妙地压住酒盅里的麻钱。

换盅仪式结束后，闹洞房的人就要自觉离开，由伴娘（或一贵客）主持，开始“暖床”。此时，由伴娘（或贵客）拿一把新糜芒笤帚，把核桃、枣儿撒在床上，扫来扫去，口中念道“一把核桃一把枣，生下的娃娃满地跑”“左一扫，右一扫，明年就养个娃娃抱”“一笤子，两笤子，养下的娃娃挣票子”。而后命一对新人伸手在被子底下抓取，希望夫妻有儿有女，家庭人丁兴旺。

暖床仪式结束后，新郎新娘吃掉核桃、枣儿后就寝。洞房点清油长明灯一盏，夜间由新郎的平辈亲戚不时拨灯，使长明灯一直着到天亮。

新人就寝后要有人听窗根，即听新人的私房话。因为听者站在新房的窗户墙根，故称“听窗根”。如果没有人听窗根，主家就在窗子下立一把扫帚，表示有人在听。

拜花堂仪式 拜花堂，即收叩头礼。第二天早上，新娘梳妆打扮毕，由伴娘端来早饭，劝新娘吃饱之后，要准备一整天的磕头劳累了。拜花堂时，由婚礼主事人安排，以亲戚大小、辈分高低依次坐席、喝酒，并“盛”新娘的叩头礼。

接下来是“拜高堂”，就是正式见公婆。公婆坐在堂上，新郎新娘叩头，跪在毡上不起来，直到将“锁儿钱”掏到新娘满意（实际是主持人满意）为止。亲属按大小辈分的叩头礼完毕后就轮到嫡亲了。最后给庄家叩头，以表示对众庄家为他们的婚姻大事的操持、祝贺的谢意。

拜花堂的仪式从早上一直到傍晚，持续一整天。

做“试手面” 成婚后第三天，新娘就要下厨做饭，把新娘第一次入厨做的面叫“试手面”，意即众亲戚和亲族人都看新妇做饭的水平如何。“试手面”一看面细，二看面长，三尝汤香。如果长面细、长，汤香，众人会异口同声地称赞新娘的“茶饭”好。

新娘试手一次，享誉一生。

回门 试手面吃过后，新娘与新郎一道带上简单的礼品，去娘家省亲，俗称“回门”。新娘在回门的当天傍晚必须返回婆家，不能在娘家留宿。以后回娘家，因万不得已留宿时，新夫妇也不能同宿一室。从提亲到回门，婚嫁的礼仪算是基本结束，剩下的就是男女双方家人认亲戚，男方谢媒。

进入 20 世纪 80 年代后，当地婚嫁结合传统及新时代的元素，结婚仪式简化为到地方政府进行登记、摆喜酒宴席会等。

丧葬礼仪

梁堡村人崇尚礼教，讲究“生之以礼，祭之以礼，葬之以礼”，形成浓厚的丧葬之风。随着时间的推移和人们思想观念的改变，丧葬礼仪已有简化，迷信的东西渐被淘汰，有些习俗仍在传承。

送终 在梁堡村，年纪大的老人如卧床不起，称“害老病”。这期间儿女们一方面要精心照料老人，以表“孝心”。另一方面要收拾穿戴（寿衣），准备棺材（寿材），选择墓地（坟墓），以示“福葬”。寿衣也叫“老衣”，一般由亲生儿女来做，要求男单女双，穿 3 件、5 件、7 件或 4 件、6 件、8 件，根据家庭条件而定。

落草 人亡之后首先要落草，在临终时，子女给老人穿好寿衣；亡人落草在地后，子女最大的任务就是凉尸，即凉冰尸体，加快尸体的僵直速度。同时，亡人落草后就要设灵堂、摆祭品、点长明灯。

报丧 亡者的长子要在村中逐户请庄家，通报信息。庄家会聚在主家，安排叫阴阳先生、请娘舅家人、安排打坟的人和为各家亲戚报丧等事宜。

破孝 破孝是请本族中与死者平辈的男性尊长一人，为死者亲属扯孝布。孝服依照亲疏关系分五等。死者妻子及嫡亲子女服“斩衰”孝，为期三年；侄子等辈服“大功”孝，为期一年；侄女等辈服“齐衰”孝或“小功”孝，为期三个月至半年；孙子辈服“缌麻”孝，为期百日。

守孝 男女孝子守孝时要拄“丧杖”，就是用白纸剪成羽毛状，缠在柳木棍和竹棍子上。长度要求嫡系孝子拄二尺长的丧棒，能曲躬身子，以表孝道。旁系孝子拄三尺五寸长的丧棒。丧父孝子拄竹子丧棒，丧母孝子拄柳木丧棒。

殓棺 丧事中极其严肃的一件事是殓棺。亡人进棺材时，亲戚朋友、庄谊都要跪在院子里屏声敛气，默默向死者致意。殓棺的人多是村子里有殓棺经验的长者四至六人，子女只留两个。死者装进棺材后，亲人为其理顺衣服，揭去苫脸纸，子女要用一盅酒为死者擦脸，擦洗时动作要快。然后，要用白纸包上麦草在死者左右将其身子挤稳固，盖上薄被、毯等。子女最后看一次遗容和收殓的情况，便盖定棺盖，几声敲打木钉的斧子声过后，打开房门，孝子才放声恸哭。

出殡 梁堡村把出殡叫“发丧”或“发茔”，也叫“抬埋人”。老年亡故的人发茔时间都在早上，即“日出卯时”，大约在六点至七点。众人将棺材从灵堂移到大门时，孝男长子（或长孙）头顶“孝子盆”（灵堂盛烧纸灰的瓦盆），拄丧杖，跪迎在门外。村人将灵柩棺头在后、棺尾在前，面向死者生前久居的房屋，放置在事先准备好的两条长板凳上，孝男将顶在头上的“孝子盆”摔碎后，抬丧担齐起，向茔地奔去，孝子跟在后面一路哭去。

下葬 到了茔地后，灵柩绕着墓圹转一圈，准备下葬。村人将灵柩放入墓堂后，在棺盖上盖上女婿外甥所献的铭旌。村人用土坯或砖块堵塞墓堂口，然后填土掩埋。司礼开始烧纸火、纸钱，主丧事的人为戴出门孝的孝子脱孝、烧孝、祭奠。

掩埋结束后，抬丧人将丧绳扯起来，在坟堆周围用力向坟堆方向甩动，绕坟堆数次后，二人撒手将丧绳扔过坟堆去，孝子将拄的丧棒（丧杖）分男女、按辈分大小，依次插在坟脚，恸哭辞墓，送丧者返回。

祭奠 从安葬之日起，接连三天，主人家每晚在门口烧“旋门纸”，接下来用“服三”“七七”“百日”“一周”“二周”“三周”烧纸的方式，来表达对亲人的思念之情。

村民信仰 梁堡村村民宗教信仰主要以道教为主，崇拜祖先、崇拜神灵，兼信儒、佛。祭祀祖先以家族为主，公共祭祀村居人员集体在公用场地进行。梁堡村建有二郎真君庙和山神庙。遇到什么灾难、疾病，村民都要到庙里烧香叩拜，祈求神灵保佑平安，降福降寿。村里有节日喜庆之事，要给二郎神、山神唱戏。

梁堡村村民现在的年轻一代更注重儒教，特别是对子女教育，以儒家思想为经典，望子成龙。村里的红白事要请礼宾，平时参与募捐活动，积善成德。

◉ 民间禁忌

作为风俗习惯一类的生活生产中的民间禁忌，梁堡村古已有之，而且涉及广泛。

居住禁忌 搬入新院，大门上要挂一个筛子，忌外人进院。在同一处聚居的各家，建房高度要大体一致。

盖房出檐、留滴水，忌讳超出自己的宅基地，遮盖或滴露到邻家房上或院中。

忌两户家门径直相对，院门若如邻家相对，忌正冲，也忌门小。

四合院内所有陪房忌超过主房（上房），以主房为中心分开左右，左厢房要比右厢房高，门房（与主房相对）最低。相对的两面厢房的梁（檩）头忌对准对面房子的门窗，门窗也不能相对。大门忌与主房门相对。厨房忌与大门相近。

门前忌讳有坟墓和砖瓦窑。

门前院后忌有磨盘、石碾子，安灶宜东西，忌南北，东灶家顺人和，西灶畜禽兴旺，五谷丰登。宅基下忌埋人畜尸骨、石磨、石碾、废铁、烂铜等。

院中忌随便挖掘取土，亦忌狐狸、狼等野兽闯入，忌猫狗等死在院中。

守孝期男女和月经期妇女忌入宅院中。

婚姻禁忌　忌同姓通婚。

忌异辈通婚。

迎亲时新娘忌途中下地。

迎亲路上忌碰上大树、大石头、井台等，躲避不开用红布遮盖住或贴上“花红盖子，大吉大利”红纸条。

忌蜜月空房。

忌入赘。

生养禁忌　孕期忌吃兔子肉。

孕妇忌与孕妇同床而眠。

忌在娘家分娩。

产妇忌未满月串门。

产房一月内忌生人进入，尤忌经期妇女、孕妇、新娘子、戴孝者进入。

服饰禁忌　过年、过节、喜庆之日，忌穿纯白、纯黑衣服。

婚服忌白色。

丧葬期间忌穿红色、花色衣服。

守孝期间，丧眷忌穿艳服。

饮食禁忌　忌用筷子敲打空碗。

忌将筷子直插在饭碗。

忌浪费粮食。

忌筷子掉在地上，忌打破饭碗。

盛饭时忌勺子往外翻。

忌在客人用餐时扫地。

方言　土语

梁堡村当地方言是中原官话秦陇片下的一个分支，具有古老、诙谐的特点。

方言多音字　当地方言中有部分文（书面读音）白（口头读音）两读的字，用梁堡人方言读，更显到位、过瘾。“角（jiǎo）与角（gě）”在当地多用于“牛角”，用梁堡方言读牛角（gě），除了让人明白是长在牛头上的“角”外，还有很长、锋利、争斗的意思。如“丈二的牛角（gě）朝里弯”。这种文白两读的字还有很多：

文读	白读	举例
墨（mò）	墨（méi）	墨（méi）汁
鞋（xié）	鞋（hái）	一双鞋（hái）
骺（hóu）	骺（góu）	鸡骺（góu）子里掏蛋
药（yào）	药（yué）	吃药（yué）
街（jiē）	街（gái）	逛街（gái）
咬（yǎo）	咬（niǎo）	狗咬（niǎo）人呢
寻（xún）	寻（xíng）	寻（xíng）人
下（xià）	下（hā）	下（hā）来了
咸（xián）	咸（hán）	饭咸（hán）了
起（qǐ）	起（qiè）	请你站（zān）起（qiè）来
胸腔（qiāng）	腔（kàng）	腔（kàng）子气胀得厉害

梁堡方言中常出现一些冷僻字或有读音无字形的现象。这些字词的读音，有些可用普通话读音相同的字代替，有些却没有字来代替，表达的意义在普通话中也不常用。当地方言用比较生僻的字词或有读音无字形现象所表达的意思，却让人感到非常亲切、逼真。如“缭（liáo）”，普通话意思一是缠绕的意思；二是缝纫方法。普通话说“缝衣服”，而隆德方言说“缭衣服”。这一个“缭”字除了有缝的意思外，还有用针线来回

缠绕穿引的意思，特指人工用手缝制。

有读音无字形的现象如“你把人家‘ruá’了菜叶子了”，“ruá”的意思是用手反复揉搓。还有，“把玉麦皮‘chuà’了”。“chuà”的意思在这里是脱、剥皮，有从上往下拉扯的意思。这些读音在普通话中找不到合适的能代表这些意义的字形。

梁堡方言中常用一些多音字中不同的读音，表达与普通话相同的的意义。如“麻雀”的“雀”有两个读音（què，qiào），普通话读“què”，梁堡方言读“qiào”，都指一种鸟儿。“卡脖子”的“卡”有两个读音（kǎ，qià），普通话读“kǎ”，梁堡方言读“qià”，都指用手的虎口紧紧按住。“杏核”的“核”有两个读音（hé，hú），普通话读“hé”，梁堡方言读“hú”，都指杏子的中心坚硬部分。

方言代词 梁堡方言话语中有一些代词，指代的意义非常宽泛。如“喂”（wài）这个代词，表现力极为丰富。它既可以是代词，又可以是名词、动词、形容词、语气助词等。这一个词指代了很宽泛的意义，看起来很模糊，但在特定的语言环境中，它所指代的各种词义的功能，却表达得非常清楚明白。还有“啥（sā）”“这（zhī）搭”等词的指代词义也很宽泛。

梁堡方言话语中有一些反语代词，是将自己平时心里感到憎恶的事物反用来表达亲昵的感情。这主要是对儿童或晚辈的亲昵称呼，如“这贼娃子”等。还有把与人们生活关系较密切的动物用来指代昵称，如“狗娃儿”“猪娃子”等。

方言重叠词 梁堡方言话语中单音节形容词重叠后加“儿的”，表示加深性质状态的程度。如“尖尖儿的”“酸酸儿的”“绵绵儿的”“饱饱儿的”“展展儿的”“慢慢儿的”等。有些单音节形容词重叠，前加“圪（gé）”，如“圪陡陡”（不稳）、“圪巴巴”（很紧）、“圪咋咋”（很响）等。有些单音节形容词后缀“巴巴”“唧唧”“烘烘”“丝丝”“瓦瓦”“乎乎”等，如“干巴巴”（很干）、“死巴巴”（太死板）、“酸唧唧”（太酸）、“湿唧唧”（太湿）、“臭烘烘”（太臭）、“甜丝丝”（有点儿甜）、“凉丝丝”（有点儿凉）、“干瓦瓦”（有点儿干）、“湿瓦瓦”（有点儿湿）、“黑乎乎”（有点儿黑）、“热乎乎”（有点儿热）等。还有一些形容词后缀“不希”“不拉”“不腾腾”“不呆呆”“不旱旱”“不丢丢”等。如“蛋蛋不希”（不平整）、“血红不拉”（不干净）、“瓜不腾腾”（很幼稚）、“二不唧唧”（不稳重）、“张不呆呆”（傻了）、“碎不旱旱”（很小）、“逛不丢丢”（脸皮厚）等。

附：方言选录

叫唤意为哭泣。

热头儿意为太阳。如“热头儿晒到屁股上了”。

就哈意为坐下。如“来了就哈，不要站着了”。

撩猫逗狗意为无聊。如“他们两个撩猫逗狗闲得很”。

立马悬天意为紧急、马上。如“你立马悬天要走，我还没准备好呢”。

乌苏意为心烦意乱。如“他这两天心里乌苏得很”。

死眉瞪眼意为没有精神。如“看你一天死眉瞪眼的样子”。

曹们意为我们。如“曹们都是梁堡人”。

髫竹（髫帚），扫地的工具。

扫竹（扫帚），扫院的工具。

推耙子，当地填炕用的工具。

垉子，农用工具，用来打土地里面的胡基疙瘩（意为耕地时翻出来的大土块）。

出圈，意思是家里养牲口的到秋天会把牲口一年攒的粪便都从圈里边弄到外边，打碎后在地里面当肥料。

粪兜子，将粪拉到地里面后，用粪兜子装上，用碗一碗一碗往地里面撒，这样撒得匀。

比赖子指双方打赌，一方输了不承认结果，重新来一次，以验证谁在耍赖。儿歌唱道：“打毛蛋，踢毽子，输了不认比赖子”。

见眼是时间长的意思，“这次磨的面吃着见眼得很”。也指小孩顽皮不听话，“这个娃娃见眼得很，说了半天不动弹”。

滗（bì）指挡住渣滓或泡着的东西，把液体倒出。如“把药滗干”“把汤滗出来”。

篦子客是指买篦子的人。比喻吝啬、贪财，舍不得花钱。

不审实指不踏实，不相信。如“听说乡政府给他家给了一笔扶贫款，他心里不审实，去村委会问了一下”。

不受淫指不舒服。如“他今天不受淫，没来干活”。

不中用指没用处。如“人老了，不中用了”。比喻人病重即将死去，已无法挽救。如“他那病再怎么治也不中用了”。

不了啥（sá）指不要这样做。如“和人打官司的事你就不了啥”。

巴望不得指盼望、指望。如“让她当老师，她巴望不得呢”。

扳住门槛（kǎng）寻狠指在自家门口仗势欺人。如“你不要扳住门槛寻狠了”。

别掏娘老子指骂人时不要骂爹娘。如“你怎么骂我都行，但别掏娘老子”。

白不咋指不会的，不可能，没什么。如“今天碾场，看天气白不咋下雨”。

背（péi）集（qī）子指不逢赶集的日子。如“背集子收购站上没人”。

班房子指旧时衙门里衙役当班的地方。方言指监狱、牢房。如“他蹲了几年班房子，现在回来了”。

村民生活

村民生活通常包括家庭结构，人们的衣、食、住、行等方面，是人们日常生活中最为丰富的内容之一。梁堡村的日常生活习惯受当地地理、气候、物产及人们生活习性的影响，形成了独特的地方特色，尤其是当地的饮食文化、民居特点保留了传统的地方特色。

家庭结构

农村家庭处于社会的基层，它的存在维系着社会基本生活的稳定。随着改革开放政策的深入，从20世纪80年代以后梁堡村外出务工人员数量不断增加，由于常年在外而转移户口定居城市的人口不在少数，高考户籍转移制度给了梁堡村学子落户大城市的机会，这些家庭的转移及人口数量的下降，严重冲击着梁堡村家庭结构。

梁堡村家庭结构，从代际层次和亲属关系来看，主要包括核心家庭、直系家庭、复合家庭、单身家庭、残缺家庭和其他家庭等。从家庭成员结构的完整性来说，又可分为完整家庭与不完整家庭，空巢家庭以及隔代家庭就是当前梁堡村不完整家庭的具体表现类型。

20世纪60年代前梁堡村家庭结构　20世纪60年代以前，从代际层次和亲属关系来看，梁堡村的家庭结构以复合家庭为主，兼有核心家庭、直系家庭、单身家庭、残缺家庭。

复合家庭是指父母和两个以上已婚儿子及其孙子孙女组成的家庭，可分为四代复合家庭、三代复合家庭、二代复合家庭三类。

梁堡，村民生活习惯形成独特的地方特色，特别是饮食文化、民居特点保留了传统的地方特色。

四代复合家庭即四世同堂，主要是指父母、两个以上儿子儿媳、两个以上孙子孙媳、两个以上曾孙曾孙女组成的大家庭。三代复合家庭主要是指父母、两个以上儿子儿媳、两个以上孙子孙女组成的大家庭。二代复合家庭主要是指父母和儿子儿媳或者两个以上已婚兄弟和其子侄组成的大家庭。这些复合家庭大多都在十几口甚至几十口人以上，20 世纪 60 年代以后这种家庭就不常见了。

四世同堂村民全家照（2016 年）

20 世纪 60 年代后梁堡村家庭结构 20 世纪 60 年代以后，从代际层次和亲属关系来看，梁堡村的家庭结构以核心家庭为主，兼有直系家庭、单身家庭、残缺家庭。

1980 年以后，中国的家庭观念发生了很大的变化，家庭结构也发生了重大变迁。家庭子女减少、家庭规模减小、家庭结构简单化、空巢家庭增多等都是家庭结构变迁的突出表现。随着计划生育政策深入人心，梁堡村家庭已经抛弃了传统的多子多福的观念，接受了少生优生的思想。梁堡村出现一大批父母与孩子组成的两代人家庭，并且独生子女家庭越来越多，每户的平均规模明显缩小。

1949 年以来，梁堡村家庭规模在经历了几次升降起伏的变化后，从 1973 年开始进入较长时间的持续缩小过程。1973 年，梁堡村家庭户规模平均为 4.81 人，1990 年缩小到 3.97 人，到 2000 年缩小到 3.44 人。按人数划分，三人户和四人户最为常见，2016 年

留守的梁堡村民（2016 年）

两者合计已超过总户数的一半。梁堡村家庭规模缩小的原因有：一是实行计划生育政策后，妇女的生育率下降，家庭中的子女数减少；符合国家政策的夫妇只生育两个孩子。二是家庭结构类型中，核心家庭的比例上升。由于生活水平提高，特别是住房条件改善，成年子女婚后一般都分立门户，多代合住的直系家庭和同代人婚后仍未分家合住在一起的联合家庭已大量减少。三是隔代家庭增多。梁堡村许多家庭成员外出打工谋生，寻求新的发展道路，流动人口逐年递增；一些年轻父母把孩子托付给爷爷奶奶看管。加以老年人由于传统和心理原因，愿意和需要与第三代在一起生活，促成了一些家庭把子女送到老人家中抚养。

◉ 衣

头帽　梁堡人久有戴帽尊冠的习俗，尤其以冬春两季戴帽最多，且以男子为主。清末，较流行的是瓜皮帽，用青蓝布裁成三角形六片或八片缝制而成，帽顶端结子为饰，供人提戴脱帽用。20 世纪 50 年代后，春秋季村民多戴解放帽，还有前进帽或工人帽。夏季则戴草帽和凉圈子，冬季一般戴棉制暖帽、火车头帽和毡帽。毡帽用羊毛擀制而成，形状像头盔。20 世纪 70 年代以前，已婚及中老年妇女一般用头巾和包头裹头，包头是指黑色长条丝织纱巾或细棉纱巾。儿童帽样式丰富多彩，儿童帽以虎、狮、牛、狗、兔等造型为主。冬有棉风帽，夏有凉塔帽。每当孩童过满月或周岁之时，亲戚朋友都要送花帽表示祝贺。进入 21 世纪，儿童帽子样式多种多样，海、陆、空军帽子的样式都有。

服装

梁堡村民服饰变化与全国同步。清末民国初，男子主要穿长袍马褂。辛亥革命后，长袍马褂逐渐减少，衣裤以对襟上衣、大裆裤系扎布裤带为主要风习。妇女讲究衣服缀绣袖口和襟口，袖子较宽大，布料以绸、缎为上乘，色彩以青、蓝为主。20 世纪 60 年代，多数男子春秋穿对襟蓝布衫、青蓝布裤，冬天穿棉衣棉裤。女子穿大襟青蓝布衫、青蓝布裤，冬天穿棉裤。少数女孩穿背带裤或背带裙，少数男子穿蓝灰中山装、工人服。

20 世纪 70 年代，军装成为当地人服饰的主流。大家都以穿一身军装为荣，军帽军装解放鞋，再肩挎一个用红丝线绣着“为人民服务”的军用帆布挎包，成为当时最时尚的服饰。20 世纪 80 年代后，当地村民服饰开始多样化起来，村里一些干部、在外地读书的学生夏穿“的确良”，春秋冬穿西装、斜纹黑呢子大衣等。从 20 世纪 80 年代后期到 90 年代，喇叭裤、灯笼裤、踩脚裤在女性中盛行起来，男子的服饰也开始从西装向休闲转变。服装色彩也开始趋向个性化，不再追求统一。进入 21 世纪，村民服装已完全个性化，流行风格也向多面化发展。

梁堡村有地方特色的衣裤要算20世纪70年代以前的毡裹脱、满腰转、蓑衣、肚兜等。

毡裹脱 即毡袄。是梁堡服饰民俗中一种较有特色的服饰。它是以羊毛为原料，擀制成毡片后裁缝成的御寒服，领口、袖口和衣边容易磨的地方鞔上粗布作护。毡袄的特点是保暖、耐磨、利水、透气，雨雪天披作外衣，但质地僵硬，贴身穿容易磨破皮肤。

满腰转 也叫“裹肚子”，按腰宽窄，用多层布制作的贴身扎在腰间的宽带子，两端相对应钉上纽扣或缝上线绳系紧，为男性专用品。根据需要和布料，可设置 4～6 个腰兜，便于藏带钱物。腰兜多以精工绣以鸳鸯戏水或牡丹示富，或云字连接，皆有特定寓意。

肚兜 梁堡俗称“肚肚儿”。这也是梁堡有特色的一个服饰品种，制作方法是先用一块红布剪裁成形，绣上各种吉祥图案、花边，然后在两层布中间装上一层薄棉花，缝好后，上边缝两条带子，贴身穿时挂于颈上两边各缝一条带子系在腰间，男女老少皆可穿用。

蓑衣 用野蓑草（俗名冰草）编织而成的，披在身上的防雨用具。梁堡人编织蓑衣时，用一盆温水将准备好的干蓑草泡湿，搓成细草束，从后背编起。先编脊背部分，再编肩披部分，然后逐渐向左右沿下编织，分出小股草，一层压一层直至编完。蓑衣无袖无领，一根细草绳领筒边，披时将草绳打结，形似斗篷，是山里人放羊、耕作时的好雨具。

肚兜（2016 年）

麻鞋（2016 年）

鞋袜 梁堡人穿鞋袜，与全国同步。麻鞋、草鞋、木底鞋等都是古代屐的延续，近代至现代，麻鞋是梁堡人穿用最为普遍的一种鞋，一年四季都可穿用。麻鞋制作简便，制作时先将大青麻编成辫，然后将麻辫放在平案板上，立麻辫盘鞋底，盘成麻丝紧密的“千层底”，再用麻绳穿紧左右固定鞋底；最后用细麻绳做成鞋帮、鞋后跟，再用木楦头把鞋撑起来，帮梁、后跟梁贯穿上耐力性强的麻绳，鞋子就做成了。式样有牛鼻梁麻鞋、圆口秃顶的齐帮底麻鞋、一只船麻鞋，还有三道弦麻鞋、布包边麻鞋、狮子抖毛麻鞋等。色彩除天然的白色外，还有染色的红、黄、黑诸色，集实用与观赏价值于一体。袜子由布缝制的布袜和村民自行织的毛袜向棉、毛纺织袜过渡，当时人们称纺织袜子为“洋袜子”。

20 世纪 80 年代后，村民穿用鞋袜逐步个性化，布鞋、皮鞋、塑料鞋、暖鞋、凉鞋、运动鞋、休闲等风格多种多样。

饰物 梁堡人的饰物颇为讲究，一般人日常居家并不佩戴饰物，只有过节、迎客、婚嫁、生日、寿诞等喜庆之日才使用。女性用簪之细长而加银质凤凰、蝴蝶之类饰物者谓之“钗”。在发饰上还有模仿虫鱼鸟兽形制作的发勒、罩头发的发网等。女子还喜欢戴耳环、项链、手镯、戒指等。儿童有戴项圈的习俗，与项圈相匹配，通常还悬挂有银链、玉佩、长命锁、手镯、脚镯等。

◉ 食

在长期的发展、演变和积累过程中，梁堡村传统饮食文化从饮食结构、食物制作、食物器具、营养保健和饮食审美等方面，逐渐形成了自己独特的饮食民俗。

梁堡人的饮食原料主要是谷豆、蔬菜、瓜果、油、肉、蛋、调料等，饮食制作方法主要有煮、蒸、烧、炖、烤、煎、炒、炸、烩、卤、焖、拌等。饮食习惯为一日三餐，讲究早吃好，午吃饱，晚吃少。

20 世纪 80 年代以前，梁堡村民以糜子、谷子、莜麦、荞麦、洋芋（即马铃薯）等“秋田粮”为主食，以小麦、豌豆等“夏田粮”为辅食。

1980 年以后，梁堡村以冬小麦为主粮，传统的杂粮面饭菜混做的吃法逐渐被淘汰。一般家庭平时做三四道菜用餐已很平常，副食品在饮食结构中所占比重逐步加大。20 世纪 90 年代以来，村民大多以细粮为主，莜麦面、糜谷米反以稀为贵。蔬菜品种繁多，讲究饭菜分做，菜肴烹调。肉类、豆制品类的副食在饮食结构中所占比重越来越大，肉食以猪肉为主，羊牛肉也逐年增加，鸡、鸭、鱼、蛋需求量日增。逢年过节，村民多烩猪肉、炖羊肉、炸丸子、包饺子待客。村民多数人喜烟酒，普遍喜欢饮白酒。2000 年后，村民对啤酒、甜酒和各种饮料的需求量逐渐增加。

村民的饮食主要有长面、荞面一刀子、荞面摊馍馍、荞面饸饹、荞面油坨坨、碗簸子、油钱子、烩面、搅团、馓饭等。

长面　一般有细长面、韭叶面、细宽面、宽面。将用调有适量碱面的温水和拌的精细麦面面团，用擀面杖擀薄，切成极细的丝条，煮熟后，捞至碗中浇上臊子汤，汤多面少，汤讲究酸、辣、香。浆水掺汤叫“浆水面”，肉臊子做面叫“臊子面”，不掺汤叫“干拌面”，吃汤面不喝汤，汤回掺入锅里，戏称“涎水面”。

荞面一刀子　就是将荞面和水慢揉，擀薄用一刀切成细长条，所以叫一刀子。调上羊肉臊子、不太酸的醋及葱丝蒜泥，用炒酸菜作下菜，味道可口。

荞面摊馍馍　也叫荞面锅摊摊，荞面和水搅成糊状，摊成薄饼，卷上葱白吃，也可切碎与鸡蛋、葱花、青椒、肉等炒吃。

荞面饸饹　用饸饹床子（做饸饹的工具，底有漏孔）把和好的荞面扎成长条，煮着吃。出锅凉拌最好，也可做成汤面，滑爽可口。

荞面油坨坨　将荞麦面粉用开水烫拌均匀后，连同面盆放置于 80℃水锅中隔水热蒸，10~15 分钟取出，冷却后掺进杂粮面少许，拌少量小苏打或加甜酵面发酵，用手蘸油做成巴掌大的圆圈饼，入油锅用八成热的油炸至棕红色捞出，即可食用。

碗簸子　将荞面、莜麦面或糜面用开水烫拌均匀后，和酵面发甜，用碗簸成圆状置于锅中烙熟。荞、莜麦面胀、软、香，糜面酥、酸、甜、香，是早餐最好的干粮。

油钱子 用开水烫白面擀成薄饼，撒上苦豆、清油，卷起再擀薄，重复两三次后放入油锅烙熟。食用时层多，松软爽口。

焌面 用莜麦面或玉米面和水成散团状，或杂在洋芋块中捂严焖熟，拌葱花清油，搅拌成蚕豆大小颗粒，酥软可口。

搅团 水烧开后，把面粉均匀地倒入开水锅里，一手撒面，一手用小木杈在锅里旋搅，搅至没有干面粉，然后注入一定量的开水，用擀面杖划成一团一团的，待烧开冒泡时，用力搅拌，直至均匀无小颗粒。待面在锅里成黏糊状，以木杈立在锅里不倒为宜。第二次注入开水加热，待熟后，最后一次搅匀，一锅搅团就做成了。因为此饭的做法着重于搅，故名搅团，也叫缠头饭。然后捣蒜泥、剁葱花、炒青菜，加油泼辣子、炝醋汤做成蘸水。搅团的吃法特别，一种是将搅团用筷子夹成小块蘸汤吃；一种是舀在碗里，用勺背压个窝，窝里调上浆水或醋，抹上油泼辣子、油泼蒜，再放上韭菜、咸菜，用筷子豁一疙瘩吃。

馓饭 先将水烧开，再把莜麦面或其他杂粮面细细撒入开水中，边撒边搅，用温火熬煮，待结成团状即成馓饭，吃时配以梁堡风味小菜，如酸菜、咸菜，清香可口。

◉ 住

梁堡人的居住演变发展从已发现的古遗址考证可了解，居住在这里的先民经历了从穴居到半穴居再到地面建筑的全过程。

梁堡村属黄土丘陵沟壑山地。这里的原始居民通常在沟壁横向打洞，筑成窑洞式穴居住宅。后来，由窑洞向房子过渡，出现了上栋下宇式居室。栋是屋的脊梁，宇是屋的椽，栋承屋的顶盖使其向上，宇垂屋的顶檐使之向下。竖木为柱，联柱支梁，梁上接檩，顺檩搭椽，加铺苇笆，涂泥茅草，成为先民创造的木架结构住屋的样式，一直相沿至今，形成梁堡村民住屋构造的主要民俗传承。

宋代出于兵备战事需要，梁堡境内筑城堡。明朝初年，城堡已变为宗族聚居性村落。梁堡村城堡内现保留较为完整的明清时期的土木结构的三合院、四合院院落建筑，体现了黄土文化的精髓。民居范围较大，沿沟畔、二级台地、河谷川套，凡是能耕种、有水源的地方都有人家居住。村民都同里居住，一家一院，连宅成村；也有单门独户，

三合院（2016 年）

零星分布者。

20 世纪 90 年代以前，梁堡村房屋建构墙体全为黄土夯筑，逐渐变为半夯筑半土坯（胡基）房建筑，先夯筑部分墙体，再在墙体上以土坯加草拌泥连接，向上砌垒建成墙体，现在村民房屋四周的墙体皆为土坯。

村民的院落格局以四合院为主，依院落主山方向正中筑基起栋，称为上房、主房。上房是院落中最为讲究的一座房子，供家中辈分高的长者居住，是全家祭祀、待客、议事的地方。上房一般为“人”字型的架子房，所以又称架子上房。上房的基地较其他房高，特点是高大宽敞，结构合理，造型美观，抗震性能强。上房最讲究的样式是“四门八窗”，上有双面前后坡，称“两出水”或“两面坡”。

四合院的左右两侧，即东西两边为厢房及灶房，以三间为常见，式样多为“上栋下宇”式，即顺水“一面坡”型或“两面流水”型（人字型）。厢房北墙与正房之间留有一定距离，名为“风岔”，俗称“出气”。南房一般也是三间，称为门房。南面建房的院落可称其为“四合院”，不建房者则称为“三合院”。院落大门，即大门楼子，与上房相对，有三槛、平头等几种。有的三槛上安装木板，雕刻各种图案镌书题字。题字多表示吉祥，如紫气东来、满门生辉、宁静致远、龙凤呈祥、前程似锦等。

梁堡村民的住宅形式经历了窑洞、架子房、砖瓦房的发展历程。

窑洞 自清至民国时期，村民多依向阳崖台挖窑而居，小窑六尺开间，顶高九尺；大窑一丈五开间，顶高深度视土质及功用而定，窑顶用栏墙围着，富户多大窑，正中为主窑，窑前建有“抱厦”，窑内有天花板。有的在窑脑挖有地窖，为贮藏财物之所。贫寒之家，一窑多用，有的人畜共居。有的一家数口仅居一窑，挨门盘炕，进退无地可容，俗称“忙上炕”。有的用土坯草泥自筑箍窑，先用土堆成窑形窑楦，或叫“窑心”，然后用胡基（土坯）抹草泥挤砌。窑箍好后，外面用泥抹光，以利雨水，这种窑通风干燥，冬暖夏凉，但不耐久。

架子房 20 世纪 90 年代后，架子房成为梁堡村内瓦房的主要形式。这种结构一般有夯实的地基，房子墙壁多为土坯砌成。竖木为柱，柱上架梁，梁上搭檩，檩上挂椽，顺椽摆“参子”（砍好的均匀小木条）或竹篱笆，然后抹泥铺瓦。修建成上栋下宇式的砖木结构房屋，房顶作“人”字型，俗称架子房。这种房子的上梁结构多见五檩四椽式，也有七檩六椽式结构，合理运用三角力学稳定原理，檩柱之间各卯相连，十分坚固耐用。

民居大门（2016 年）

砖瓦房 进入 21 世纪，梁堡新农村建设整体推进，精准扶贫到每家每户，村里出现了修建整齐、布局合理的红砖红瓦房。新农村建设还出现了塑料温棚、彩钢架房，可发展家庭养殖业、种植业等。

◉ 行

梁堡村村民的交通发展和整个中华民族相伴而行，20 世纪 60 年代以前，村民行旅以肩挑、背扛居多，尤其长途往返，更以徒步为主。当地常见代步工具多为牛车、马车及马、驴等。20 世纪 70 年代以后，梁堡村交通工具越来越多，给村民生活带来了方便。进入 21 世纪后，人们的主要交通工具有自行车、摩托车、汽车、火车、船及飞机等。

停在农家院外的小轿车（2016 年）

自行车 20 世纪 70 年代初，村里有了第一辆自行车，后来村民都骑上了自行车。1980—2016 年农户共有自行车 400 多辆。

机动车 进入 20 世纪 80 年代中期，村里有了摩托车，干部上班骑上了摩托车。1995 年以后，村里购买面包客车 4 辆，从事隆德县至奠安乡旅客运输。自 1980—2016 年，村民先后购进拖拉机、农用三轮车、载货车、小型客车、摩托车、轿车等机动车辆共 200 余辆。

进入 21 世纪，村里在外工作的干部、教师、外出务工人员都开上了小轿车。现在，梁堡村整齐的红砖瓦房、花园式院落前，几乎都停有小轿车。

◉ 教育

梁堡村近代教育事业始于民国时期，主要形式为小学教育、幼儿教育、扫盲教育。

小学教育 1935 年，由丁生贵在梁堡村创办私塾，招收六七岁的孩子读书识字。

1941 年 8 月，国民政府在梁堡村设立保国民学校，校址在梁堡古城堡城门外，学制“四二”分段，教学方法以崇文记背为主，教学管理效行师道尊严，用打板子、站、跪等体罚，迫使小学生死记硬背。1948 年，提倡“竭尽全力，办好教育”，并将办学作为考核地方政绩内容之一，梁堡村兴学之风大起，但因内战影响，经费拮据，未见成效。

梁堡小学（2016 年）

新中国成立后，政府接管梁堡保国民学校，沿用“四二”分段制，改革旧教学内容，开设语文、算术、自然、历史、地理、体育、音乐、图画课程 8 门，使用陕甘宁边区小学新课本。1952 年 8 月，根据中央人民政府政务院《关于改革学制的决定》，梁堡小学取消“四二”分段，试行五年一贯制，德育以爱国、守纪、诚实、勇敢、团结、互助为教育宗旨，强调新民主主义的革命思想教育，倡导为工农大众服务；智育教育以提高学生读、写、算能力为主。1953 年秋，梁堡小学因条件不足停止试行五年一贯制，仍用“四二”分段六年制。1958 年贯彻“教育为无产阶级政治服务，教育与生产劳动相结合”的教育方针，梁堡小学再度实行五年一贯制，强调以劳动为主要方式的共产主义教育，在原 8 门课程的基础上增设了社会主义教育课和劳动课。

1960 年进行教学改革，各地编写乡土教材，提倡学校小课堂与社会大课堂相结合，语文、算术教材内容均有增删，历史、地理、自然三科并为常识一科。1963 年德育教育以学雷锋为主，结合政治课聘请贫农代表“忆苦思甜”，进行“阶级教育”，梁堡小学各学科试用统编新教材。1964—1966 年，批判白专思想，进行教学改革，压缩教材内容，提倡“精讲多练”，副课停考，文体活动酌减，以减轻学生负担。“文化大革命”期间，梁堡小学“开门办学”，语文课以背写“语录”为主，每班每日 4 课时，其他课浅尝辄止，取消考试制度，修业期满，政审过关，就可升入中学。

梁堡小学学前班的孩子们（2016 年）

1976 年后，端正教育思想和办学方针，恢复教学秩序。1977 年，恢复高考制度，以百分制计分，小学实行五年制。

1983 年 7 月，梁堡村小学四、五年级与景林小学合并，梁堡小学只留一至三年级。1988 年 7 月，梁堡小学校址从古城堡城门外搬迁至梁堡村一组大（峡）岳（堡）公路北侧。

1990—1995 年，梁堡小学加强学校德育工作，开展爱国主义教育、思想教育、法制教育、社会公德教育和“五自”活动（自筹资金修建实验室、自己动手制作教具、自制体育器材、自筹图书、自建绿色工程），始终把培养优秀学生当作重中之重。

2014 年，梁堡村新增幼儿学前教育班。至 2016 年，村里一些条件好的家庭把孩子转到县城读书，梁堡小学只保留一、二年级和幼儿学前教育班级。

幼儿教育　1958 年春，大队创办幼儿园（托儿所），由大队选派几名妇女组织管理，招收全大队 4~7 岁儿童入园，在农忙时节，实行“保教结合”。课程以讲故经、教唱歌、玩游戏、识常识为主。1960 年后停办，2014 年在小学内增设幼儿班。

扫盲教育　1952 年，梁堡村开展以速成识字法为主的扫盲活动，参加冬学扫盲学员 62 人。1955 年，梁堡村学员达到平均识字 1200 字以上。1956 年，以农业生产合作社为单位，组织青壮年每天最少识 3 个字，识 1500 字以上为脱盲。1958 年“大跃进”“拔白旗”时期，提倡学政治、学文化、学技术。这期间，推荐本队知识青年加以培训，充任教师，采取农活不忙时多学习、小忙时少学习、大忙时放学，拿着小黑板在田间地头，指物识字、记工分识字等灵活多样办法，组织学习文化知识。当时参加学习青壮年脱盲人数共210名，占全社文盲总数的68%以上。1959—1961年，因生活困难扫盲教育暂停，又出现复盲现象。1962—1965年，成人教育贯彻“积极组织、巩固提高”的方针，许多社员又开始参加业余文化学习。

“文化大革命”期间，“政治夜校”这一农民业余教育的组织形式在梁堡村相应得以巩固，但大多数内容为读“语录”、念报纸，实际脱盲人数不多。1978年后，成人扫盲工作复被重视，梁堡村村民利用各种学习机会提高文化水平。1980年，梁堡村通过“一堵二扫三提高”的办法，普及扫盲教育。至1990年，文盲占全村人口比例由1950年的90%下降为20%左右。1993—2000年，全村非文盲率上升到96.8%。2000—2005年，全村非文盲率上升到98.4%。

1949—1966年，梁堡村小学以上毕业生有33人。1967—1979年，梁堡村初中以上毕业生有28人。1980—2000年，梁堡村中专以上毕业生有27人。2001—2016年，梁堡村考入专科以上院校的学生有137人。

◉ 文体活动

20世纪50年代以前，梁堡村贫穷落后，穷苦人家的孩子没有学上，只好在家放羊，自家养不起牛羊，就给有钱人家当小长工放牧牛羊。在长期的野外活动中他们就地取材，用游戏来缓解放牧时的乏燥。

吆牛 也叫打陀螺，在平整光滑的场地，用麻鞭缠打陀螺，使陀螺不停地转动，陀螺转的时间长者为胜者，打时麻鞭会发出响亮、清脆的响声。

丢窝 先挖一个小窝，在两米外画条线，拿硬币站在线外丢，几个人比赛。丢进去者，可赢得窝外边散落的硬币。

抓石子 几人各自准备5颗小石子，把石子放一块，一个人先抓。用手抓起一颗石子扔向空中，再迅速抓起地上的石子，用大拇指和食指撑一个洞的形状使石子落入洞中。如此反复，拿在手中的石子不掉，掉了的话由下家玩，手迅速把地上的石子收拢成堆，用手背接空中的石子，用接住的石子甩打底下的石堆，能击中者为胜。几人轮流抓完

吆牛器材（2016 年）

狼吃娃娃棋盘（2016 年）

后，抓石子最多者为胜。

跑圈 属于丢沙包游戏的衍变体。至少 4 个人玩，分成两组，一组丢沙包，一组躲，负责躲的一组成功躲过所丢沙包的同时，要绕螺旋进到场地最中间并成功原路逃出，此游戏非常训练敏捷性与反应速度。跑圈一方的人若被沙包打中则退场，如能用手抓住"打手"扔过来的沙包，一方若有被打下场可再上来一人，也可以累计为下次的免打，在场地中心处跑圈一方的人不受攻击。

跳房子 也叫跳飞机，在 20 世纪 50—80 年代的梁堡村相当普遍。游戏开始前，先在地面上画出大小适中的方格状或飞机状的房子，区分出方格和半圆之间的轮廓。规则为"子"（石头、瓦片、沙包等）必须每次一格或两格或三格按顺序地往前踢。"子"不得越格、不得压线，否则判为失误；中途失误，可在下一次轮到时从失误格开始继续往下跳；如果中途累了，可以在自己"盖"的"房子"里休息片刻。

狼吃娃娃 地面上画成横竖交叉各 5 条线的正方形方格，一方拿 3 子做狼，下在自己一边边线一、三、五 3 个交叉点上，一方拿 10 子做小孩，下在自己的两条线上，中间留两格做格斗场。格斗开始，执小孩方先走步，每子每次只能向前后左右移一格，孩子方可在方边三面堵住狼或在方中间四面围住狼，且要每格前后两个孩子，若只有一个小孩狼就可以跳过。每围堵死一只狼就算打死一只狼，直到三只狼都死才算赢，在格斗中要步步为营，不能让小孩单独直行。

新中国成立以后，农村体育器材主要配备给学校，有篮球、足球、排球、单双杠、吊环、铁环、跳绳、毽子等，学生每天要做广播体操、眼保健操，体育活动形式多样，可做自由活动，也可做游戏活动，比如跳绳、遗手绢、老鹰捉小鸡等。

◉ 医疗　卫生

医疗

1949年以前，隆德县仅有医院1所，村民就医大多就近去私人诊所。天花、麻疹、流脑、白喉、痢疾、伤寒等传染病蔓延，巫医盛行。新中国成立后，医疗、妇幼保健、防疫、计划生育工作和城乡爱国卫生运动逐步开展，天花、斑疹、伤寒等急性传染病基本消灭，麻疹、白喉、百日咳、地方性甲状腺肿大症得到有效控制，发病率、死亡率大幅度降低。人口出生率由1958年的42.3‰降至1990年的22.09‰；死亡率由20.38‰降至1990年的4.65‰。1958—2016年，梁堡村设有卫生室，形成了以村卫生室为基础，以乡镇卫生院为枢纽，以县级医疗保健机构为技术指导的三级医疗保健网。

私立中医诊所　清末至民国年间，村民看病就医主要通过私立诊所进行。在乡间开诊者多属半农半医，或诊所附设小型药店，或在家中开方诊病。如遇急诊，则被请至病家诊疗。开业的医生或是经自学及临床实践兼通医道的士人，或是从师为徒渐入医理者。村里带“铺面”（药房）的诊所，有刘氏“世德堂”“济世堂”等。乡间中医兼任私

梁堡村卫生室（2016年）

立药房的“花儿匠”，每年春季沿户“点花儿”（种牛痘），并辅带诊治时疫。

乡镇卫生院 1958年，梁堡村建立奠安公社卫生院，1972年扩建。1974年，集体性卫生院医生、兽医分家，统一划归全民所有制卫生院。卫生院实行经费差额补助，人员由科卫局统一调配。公社卫生院业务工作一般分医务、防疫、妇幼保健、后勤等，有内、外、妇、儿、中医等科室。乡镇卫生院除可诊治各种常见病外，能做小外伤缝合、小脓肿切开引流等小手术；桃山、沙塘两中心医院能做外科下腹部手术。

农村卫生室 1958年，梁堡村在生产大队设卫生室。1978年，办起大队合作医疗站，种植、加工中药材，将原来的保健员改为“赤脚医生”。1991年，村卫生室扩建，成为医疗、防疫、保健等综合性卫生室。

防疫 民国初年，县内无专门防疫机构。瘟病发作时，病家自觅良医，告病求药。1946年，县卫生院兼管防疫。1952年，县卫生防疫委员会成立。民国年间，地区流行的传染病共15种，其中以天花、麻疹、痢疾、伤寒、黑热病、流脑等流行较广。1953年大旱，麻疹、痢疾、伤寒、百日咳、白喉盛行。急性传染病的地区分布，其病死率最低者为奠安。20世纪50年代初，政府和有关部门着手全面防疫。1958年，防疫站、县卫生院及四所公办卫生所分别进行防疫试点工作。20世纪60年代后期，在全县推行计划免疫接种。1977年，根据全县总户口册建立预防接种卡片。20世纪80—90年代初，防疫部门集中人力物力进行各种传染病的调查、监测和防治工作。至2016年，梁堡村“四苗”接种率达100%。

食品安全 新中国成立以前，食品、禽蛋、土产均为私商经营、经销。梁堡村农民膳食普遍粗糙，卫生意识淡漠。1960年，梁堡村民以瓜菜代粮，食野菜草根，发生多次食物中毒，县药材购销站配制大批麦糖散销行各村，以治浮肿呕吐。1978年，城镇饭馆实行“一洗二过三消毒”及生熟食分开制度，增设防蝇防尘设施。

环境卫生 1951年10月，县防疫卫生委员会成立。在实现合作化的过程中，开展了以消灭“四害”、改善环境卫生为中心的爱国卫生运动。1956年9月，县委规定全县平均每人灭鼠5只，灭麻雀8只。动员群众及时清除垃圾，改修厕所，疏通河渠水沟、治理污水坑，修整路面、管理畜禽、粉刷墙壁；落实“六有”：人有厕、猪有圈、狗有绳、鸡有笼、井有盖、泉有棚；“五不”：不喝生水、不吃霉变食物、不随地吐痰、不随地大小便、不乱倒垃圾等具体措施。20世纪50年代中期，县里采用漂白粉对池塘水、井水、泉水消毒。梁堡村民饮用泉水，水源污染程度不严重，其中亚硝酸盐、氟化物、六价铬、大肠菌群4项指标的合格率比井水高，水井环境合格率仅3.95%，泉水合格率为18.50%。

1984年后，“五讲四美”被列为创建文明村的主要内容。1991年后，随着农村经济迅速发展，新农村建设步伐加快，村庄环境卫生大为改观，人畜饮水都用上了统一管理的自来水，村里配套垃圾集中回收箱，为每户配发了环保卫生小车。

医疗保险 2005年，国家实施新型农合医疗制度，开始给每一位参加新型农村合作医疗的农民每年补助40元（中央补助20元，区财政补助16元，县财政补助4元）。村委会负责向农民每年每人收缴10元，建立参合人员档案。2008年调整至每人20元，2010年调整至每人60元。其中，农村特困户、五保户、残疾人、独生子女户、够胎次纯女绝育户的父母由县民政、县计生部门代缴。参加新型农村合作医疗的农民，每人每年享受8元门诊看病医疗费用，由所在乡镇卫生院报销。住院费用先由自己垫付，报销时凭合作医疗证、户口本、医疗费用清单、发票、出院证到县新型农村合作医疗结算中心结算报销。2007年，一级定点医疗机构报销起付线由100元降至70元，二级定点医疗机构报销起付线由200元降至140元；一级定点医疗机构报销比例由55%提高至75%，二级定点医疗机构报销比例由50%提高至65%。2011年年底，全村新型合作医疗参合率达100%。

刘氏家传秘方接骨术 梁堡村刘氏家传秘方接骨医术，从清中期至2016年已经传承五代人，有两百多年历史了。刘氏接骨属于中医接骨法，方法简单、效果突出，病人痛苦少，医疗费用低，很少留有后遗症，是一种简、便、廉、效、验的好疗法，在群众中享有很高的声誉。这一秘方的药用效果是活血止痛、消肿化瘀、生肌长骨；所用的常规药材主要是接骨草、乳香、没药、冰片、三七、地骨皮、白芷、赤芍、草乌、穿山甲、天灵壳、日月粉等，加上秘方药物，可制成散丸、膏剂、汤剂、粉剂。

20世纪80年代刘氏家传接骨第四代传人刘昌友（左）与美国友好人士合影

世德堂刘氏一门用这一秘方，拯救无数伤筋动骨患者，使他们早日恢复健康。第一代传人刘德才，第二代传人刘寅河，第三代

刘氏家传接骨术第五代传人刘举文为患者施治（2016年）

传人刘岗，第四代传人刘昌友、刘昌珀，第五代传人刘举文、刘能文。他们一代代口耳相传、推陈出新，不断总结经验，灵活地运用新方法，使接骨医术日益完善。

刘氏家传秘方接骨是对断骨进行准确复位、固定，再辅以秘传方剂和糊状散剂的传统接骨术，其精华主要集中在刘氏传承创新的接骨手法和传承自制的刘氏膏药以及一系列汤药、洗剂、药膏、粉剂。在整个治疗过程中，刘氏家传秘方配制的接骨药对提高疗效、缩短疗程起到至关重要的作用。其药材采自六盘山麓和当地凤凰山、龟山及田间地头，配方神秘，从不外泄。接骨术的用药效果及作用是续筋接骨，活血止痛，骨折愈合，消肿止痛，生肌长肉；可治跌打损伤、瘀血肿痛，有清热解毒、强劲健骨功效；可治风湿痹痛、收敛止血等。

刘氏接骨法的主要特点是“轻、柔、透、巧”，用推、拿、按、摩的方法复位损伤的骨头，敷上秘制的膏药，外部包扎固定。一般情况下，如果治疗及时，只需三个疗程伤骨就能基本愈合。

◉ 社会保障

梁堡村所在的隆德县山高地寒、偏僻闭塞，灾害频仍，历代为下县，百姓困苦。民国年间，地方军阀混战，兵祸、匪患、灾荒连年，加之每年征收各种税捐，人民生活艰难。1929年，“游民乞丐占全县总人口的十分之三”。新中国成立后，随着合作化运动的开展，人民生活得到改善。20世纪50年代末期至70年代，党和政府竭力于发展生产，大力开展扶贫救助，由于自然灾害等原因，人民生活未能彻底改观。20世纪70年代末期，生产经营体制改革，治穷致富，发展多种经营，基本解决群众温饱问题。改革开放后，养老、医保等社会保障事业发展迅速，社会保障体系不断完善，社会福利不断增加，促进了农村各项事业的跨越式发展。

自然灾害救助 梁堡村地处六盘山西麓，自然灾害频繁，干旱、冰雹、低温、霜冻、地震、病虫害等时有发生。1928年，梁堡村大旱，粮食颗粒无收。1929年，梁堡村又遇特大旱灾。1928—1930年，连续三年天大旱，农作物绝收，梁堡村灾情特别严重。尽管国民政府4次赈济，共拨大洋1.05万元，次年赈济大洋2300元，外洋华工捐赈4000元，修桥以工代赈8000元，梁堡村也得到了救助。新中国成立后，在自然灾害救济中，政府致力于提高抗御灾害的能力，尽量使重灾变为轻灾，轻灾不造成大损失。一旦大灾发生，党、政、军、民协同作战，调动各方人力物力，互助互济开展生产自救，政府同时拨出款项物资，救济灾民。自新中国成立至2016年，梁堡村每次遇到自然灾害，都得到县人民政府的及时救助。

扶贫救济 1954年隆德县发生灾荒，全县开始发放临时性救济款。自1956年开始，县人民政府对丧失劳动力、无人奉养的孤寡老人实行以保吃、保穿、保住、保医、保葬（孤儿保教）为内容的“五保”办法，使其生活基本达到当地一般农民的同等水平。20世纪60—70年代，按救济款与返销粮统一分配、统一评发的原则进行。1984—1990年，

梁堡村老年饭桌厨房（2016年）

建立乡敬老院一个。县人民政府通过临时救济和定期救济两种方式进行社会性救济，救济的主要对象是食不果腹、衣不蔽体、房不避风的“三不户”。至1989年，全县享受“三属”优抚、抚恤、退职老职工病残补助及原国民党团级以下特赦人员定期定量救济者，占当年正常经费的15.5%。20世纪80年代中期，单纯救济改革为扶持贫困户发展商品生产、勤劳致富。1984—1989年户均资助资金65元，当年实现创利。1986年开始实施区、市机关定点包干扶贫，1997年开始实施福建省对口协作帮扶。倡导农民开展二、三产业，调整产业结构，以种植业为主，实行养殖、经商、打工多种经营模式，提高农民收入。2000年开始有计划地组织劳务输出，成为农民的“铁杆庄稼”，农民的现金收入平均递增12.6%，农民人均收入在1700元以上高收入户占8.7%。

农村最低生活保障 2016年度全村共有219户737人，有130人享受农村社会最低生活保障救助，8户8人享受农村高龄老人津贴，1户1人得到孤儿救助，6户6人领取农村五保老人补助，为72名60周岁以上老人办理了养老金领取业务。重点优抚对象10户10人，全村共有享受民政救助重度残疾人3人。2016年，全村共改造危房30户，其中扶持户16户、救助户11户、特困户3户。2016年，全村建档立卡户64户，172人。

回销粮 1955年，按照“困难大的多给、困难小的少给、没困难的不给”原则，一年一评，保证农民的生活用粮。1958年，粮食供应实行包干制，供应指标按月下达生产队食堂，社员凭票吃饭，不得超支。三年困难时期，供应标准降低，村民以各种代食品充饥，供应粮每人每月不足7千克。1963年，供应标准渐有回升。“文化大革命”期间，农业生产陷入低谷，回销粮人均全年以140千克标准供应。1973—1978年，自然灾害频繁，回销粮提高到人均150千克标准供应。家庭联产承包责任制后，为尽快摆脱贫困，政府仍延续供应村民口粮，每人年均标准100千克。1985年后，国家对修筑公路、水利工程、种草种树等产业结构调整均实行以工代赈粮、补助粮和奖售粮办法，各项补助供应又有提高。1990年，回销粮有所下降。1992年，农村回销粮改为救灾粮，只对受灾粮户和“低保户”供应口粮，至此，每年由县政府视灾情轻重，审批下达供应指标。

凤凰山烟岚（2016 年）

艺文　杂记

梁堡村入选第一批中国传统村落名录，被列入全国乡村旅游富民工程，全凭深厚的传统文化底蕴。这里自然环境优美，历来是一片适宜居住、休养生息、耕读传家、诗书继世、培育风雅的沃土。自古至今，梁堡村民崇文尚教、厚德立身的传统美德，为当地的文化传承和人文积淀打下了坚实的基础，使得梁堡村吸引来了众多文人墨客览胜于此，留下了大量的诗文、墨宝，有许多传闻、逸事、民间故事流传，更有许多新闻报道见于报刊、网络。

梁堡村志

梁堡，吸引了众多媒体记者、文人墨客，留下了大量的诗文、墨宝，有许多传闻、逸事、民间故事流传。

◉ 诗歌

忆卖炭

梁庭栋

三更拾掇驮卖炭，狂风凛冽暗悴惨，
尺雪踩开冰肠道，鹿蹄鸟迹揣深山。
驴乏驮百已背半，多卖点钱弥盘缠，
耸峰溜套高万米，弃死捶尾呼苍天。
峡险二四足难乾，泾河难度犹鬼关，
两岸冰山中浪涛，米深顽石八仙寒。
强渡中游牲蹄散，驴头冲滚炭飘流，
熟敔解鞋急跳救，淋漓纳水谣名传。

忆割竹

梁庭栋

单身割竹整十天，生死存亡命缴天。

蛇穴悬崖竹割尽，豹窝狼洞竹搜完。
半包炒面林刨泉，岩石底下枕石眠。
鸟飞石下豺狼窜，双豹四眼灯射前。
震吼之声砂土旋，不畏被吃愁儿难。
万余转储负三千,三更黑漆渡林关。
若盲拐棍伏移难，百步一歇汗涌泉。
七沟高崖羊肠径，双手攀石儿跪前。

祖母的葬礼 ①

梁麦船

祖母的葬礼，细雨蒙蒙，人影飘动。
紫衣青帽的童男，绿裤红衣的童女。
层层繁花的纸筒，一担担的白银。
祖母一生贫困，死后确是富贵了。
灵堂旁是阳光照耀着的学校，
一个女孩坐在教室第一排，
一绺刘海，一对小辫，
满脸的麻子在阳光下闪烁。
祖母掀起脸上的白纸拍拍我的脑袋说，
那就是你的女人。

祖母的葬礼，细雨蒙蒙，人影飘动
风雨交加的山路上
送葬的队伍长蛇般蜿蜒
山高不见顶，早没有你故事里的土匪；
路绵延不尽，都是老城墙的回忆；
我怀揣纸钱不知往哪里撒，

① 原载《朔方》1999 年第 2 期。

天堂的路会不会泥泞？
小脚的祖母一定不要摔跤。
每当星河灿烂时，
仰望的是你的后人。

老村　老屋　老人　狗 ①

梁喜霞

荒芜了田趣的灰暗乡村
掷远了年月的斑驳老屋
沧桑了年轮的迟暮老人
双目浑浊低回的黑狗
幻一抹落寞古灰的轮廓

月上星稀　静夜厚重的帷幕下
老村在星光下找寻曾经的声响——
水担咯吱不绝来回于水泉的脚步声
惹来鸡的鸣叫
趿着鞋半夜起来给牲口添夜草的人
惊来狗的狂吠
牲畜有力的嚼草和响亮的喷鼻声
灯光下孜孜学子窸窣的翻书声
被噩梦吓醒的幼儿夜半啼哭声
如今这些声音都藏匿到哪儿去了
连鸟啭虫鸣都那么声息微弱

冬日午后　暖阳温煦的晒照在老屋台阶
老人微闭双目重复着追忆的篇章——

---

① 原载《古峡文学》2014 年第 4 期。

肩挑日月战天斗地时的铿锵和困苦
沐风栉雨颗粒归仓时的酣畅和疲惫
逢年过节妻儿试穿新衣的欢欣
燕子啄泥孙子饶膝的嘻趣
老屋的泥坯渗透了一生的酸苦辛咸
老屋的旮旯珍藏着曾经的欢声笑语
曾经的沸腾岁月已生锈在老铧犁的尖端
有过的激情时光也发黄在墙洼的旧照片
面前风追着草叶在院子里飞旋
院墙外的村庄也是人声凋敝

屋檐下迷糊着的老黑狗发出沉闷的一声
耗尽一生陪伴着老村老屋和老人
如今双眼一只昏花一只浑浊
还有一条腿瘸另一只足跛
同类中我曾是最彪悍的
对主人我也是最忠实的
什么都经历了险恶也战胜过
什么都知道什么也记着
此刻就只想这样静静地躺着

老村　老屋　老人　狗
沉淀了一抹沉寂古灰的色调

◉ 散文

村里的沙棘树[①]

沙棘是村子里最易看见的树种，属于胡颓子科，俗名酸柳、酸刺、黑刺，有落叶乔木或灌木两种。属乔木者高达十米左右，属灌木者也有两、三米之高。具粗壮棘刺，枝幼时密被褐锈色鳞片。叶互生或近对生，条形至条状披针形，长 2~6 厘米，宽 0.4~1.2 厘米，两端钝尖，背面密被淡白色鳞片，叶柄极短。花先于叶开放，雌雄异株；短总状花序腋生于头年枝上，花小、淡黄色，花被二裂；雄花花序轴常脱落，雄蕊四雌比雄花后开放，具短梗，花被筒囊状，顶端二裂。果为肉质，花被筒包围，近于球形，直径 5~10 毫米。

沙棘在六盘山区到处都能生长，凡是黄土丘陵和石质山地梁峁、沟壑地带均有生长，尤其在六盘山森林内外，都有茂密的沙棘与其他乔灌树种伴生。由于它多为灌木状、野生，很少受到人们的重视，所以长被用作烧柴、放牧等。尤其在 1958 年的“大炼钢铁”搞“以粮为纲”，毁坏的沙棘面积是很大的。由于用沙棘烧砖瓦，毁林开荒，有不少荒山坡只留下沙棘残根。但只要重视管护，就能很快恢复沙棘植被。跨入新世纪实行退耕还林、封山育林，有专人看护，现在又有成片成块的沙棘正在旧颜换新颜。

沙棘是一种速生树种，适应性极强，既耐干旱瘠薄、盐碱、水湿，又抗风沙、抗酷暑，可忍受 −50℃的低温，喜生长在高山、河流两岸、冲击滩地、草原和沟谷，常生长在向阳处。

由于沙棘速生的特性，经过栽培或封山育林，3 年后即能结果。它的侧根十分发达，分蘖蔓延能力很强，一株三年的沙棘，每年可向周围扩展两米左右，通常 3~5 年，地面可郁闭成林。群众说：“沙棘越砍越旺，不砍不长。”所以要进行合理的修剪、平茬，单株可繁衍成密丛，疏林可变成密林。它的生命力很强，既可生长在干旱的黄土高原悬崖陡壁上，也可生长在沟渠河边，有很好的覆盖固土的作用。

沙棘的繁殖可采取播种育苗、扦插和分根三种方法，可进行直播造林，也可植株造林。直播造林可在降水量较多、土壤水分条件较好的沟谷，撂荒地上进行，植苗造林在春季进行，苗木两年生为好，多保留根系，适当深栽密植，可提早郁闭。也可用分蘖苗

① 作者：梁喜太。

木挖来造林，其效果比前两种方法来得快，适应性好。

沙棘含有多种营养成分。沙棘果成熟时呈橙黄色，酸甜、营养丰富，据测定含维生素 C，比梨多 400 倍，比葡萄多 200 倍，比苹果多 150 倍，比山楂多 20 倍，比被称为维生素之王的中华猕猴桃还多 8 倍。可溶性糖的含量为 5.44%~12.5%，有机酸 3.12%~4.67%，每百克鲜果中含维生素 C580~800 毫克。沙棘汁中含丰富的维生素 A，高于鱼肝油的含量。种子可提取沙棘油，每百克沙棘油含维生素 E100~200 毫克；还有维生素 F、胡萝卜素。在维生素 F 中，首先是亚油酸和亚麻酸，具有特别重要的价值，还含有黄烷酮、肌醇、熊果酸、槲皮酸、隐黄酸、叶酸、苹果酸、谷留醇等几十种珍贵的生物活性物质。沙棘果肉中有胡萝卜（叶黄素）、番茄红素、聚石蒜硷、玉米黄嘌呤和一些其他的类胡萝卜素。沙棘的多种营养成分，有着独特的健身强力之功能。据调查，不少野生动物，如野鸡、鸟类、狐狸、野兔、狼等四十多种野生动物是主要依靠沙棘果、籽作为过冬的“食粮”。

沙棘果是最佳食品和饮料。沙棘的果实生食味美适口，经过加工可制成沙酱、沙棘糖浆、沙棘果汁、沙棘粉、沙棘果子冻、沙棘蜜、沙棘油等香味浓郁的佳品，还可酿酒、做醋等。

沙棘果营养丰富，西伯利亚土著居民很早就用沙棘果做各种美味食品，如果子羹、果酱、软果糖、果冻及饮料等。苏联曾用沙棘配置宇航食品和高级保健饮食，体育界也有广泛使用沙棘饮料。山西、河北、内蒙古、宁夏等省区生产的沙棘汁甘甜可口，很受欢迎。宁夏农林科学院芦化台园林实验场用沙棘茶，因沙棘叶含有多种氨基酸。制的茶色泽艳润、香高味醇，人们饮用后感觉普遍良好，对胃病患者尤为显著。六盘山区的隆德县、泾源县都在进行沙棘汁、沙棘醋生产。

沙棘还是多功能的药用种子。沙棘的叶、皮、果实及种子在医药上也起到特大效能。沙棘果味杳酸，果内维生素和其他生物性物质的含量比黑茶高 5 倍，比桔子高 14 倍。果内沙棘油可用于治疗烧伤、冻伤和各种皮炎，并可用于肠胃和肿瘤临床。据《西藏常用中草药》记载：“沙棘果活血散瘀，化痰宽胸、补脾健胃、治跌打损伤、瘀肿、咳嗽痰多、呼吸困难、消化不良”。《高原中草药治疗手册》也记载：“沙棘果生津止渴、清热止泻、治高热伤阴症，支气管炎、肠炎、痢疾”。苏联卫生部药理委员会 1966 年规定沙棘油可作治疗放射性皮肤损伤、胃溃疡和十二指肠溃疡的药物。四川大学临床验证，沙棘总黄酮防治心绞痛的有效率达 94%，使用后经心电图检查，改善心肌供血状态的有效率为 85%，可增进心功能，并可显著地改善心悸、胸闷和气短等症状，还可降低血胆固醇和甘油三酯，与降压药合用有协作作用。种子可治疗肺结核、胃溃疡、月经不调等证。用沙棘配制的药品还有软化血管、降低血压、活血散瘀等功效。沙棘油还是良好的外伤兽药和鱼体增色剂。根据罗马尼亚报道：沙棘油使家畜伤口愈合时间比结瘢剂、碘仿醚（10%）或洗必泰双醋酸碱（1%）缩短 14~23 天，给硬头鱼的增色剂内加入沙棘油 5 毫克至 100 克，鱼鳍、鱼肉、鱼皮呈光亮的粉红色，而对照鱼体仍呈原来的灰白色。而且供试鱼体内发现较多的胡萝卜素，体内的角黄素也比对照高 9 倍。

沙棘是牧畜的精饲料。沙棘的嫩枝、嫩叶是牛、羊的精饲料，能使牛、羊增膘快，毛色明亮，还能起免疫作用。沙棘叶含有多种氨基酸，营养丰富，且再生能力很强，人称“铁杆牧草”，果实榨油、去汁后的下脚料是极好的饲料添加剂。

沙棘又是好燃料。沙棘干枝是一种活力旺盛的优质烧柴和木炭原料。近年来，政府对沙棘加强了管护、营造，采取了积极措施。沙棘林 5~6 年平茬更新一次，每亩得薪炭材 3500~4000 千克。山区村民靠它实现了烧柴自给有余。

沙棘的经济价值。据有关资料统计，每公顷野生沙棘能收果实 50~300 千克，种植园可收 500~2000 千克，以每千克沙棘果价值 15 元计算，每公顷种植园每年能收入 7500~30000 元。在采果后的 3~4 年内，能收回全部投资。总之，随着人们对沙棘认识的深化，特别是制药和食品加工的需求量日益增长，沙棘果实也会供不应求。隆德县沙棘饮料厂 1988 年收购沙棘果枝 33.8 万千克，生产原汁 32 万吨，获利 28 万元。1988 年入冬以来，仅两天时间，群众就交售果汁 8.8 万千克，收入 4.5 万元。1989 年有个山村，只沙棘果一项，就人均收入 85 元。沙棘成为经济价值最高的树种。

沙棘是半干旱黄土区迅速绿化荒山、保持水土、调节生态平衡及促进农村经济发展的好树种，有很高的价值。今后，沙棘这一具有珍贵价值的植物，将为发展山区经济，治理黄土高原，绿化荒山、荒坡发挥其特殊作用。

上房①

六盘山区的农家大都是以山势而建起的院落，“上房”就是指与大门相对的正屋。《阳宅三要论》曰：阳宅先看大门，次看主屋，主屋即指上房。建院不论地势山形如何，

① 作者：梁喜太。

只要能门生主，主生灶，灶生门，三者互为无克，就为吉宅。门是建家之根本，相对的上房就在门的主轴线上，大门和上房必须相映。无论是修小家小院儿，还是建青堂瓦舍，都是非常讲究的，老人们常用“大门楼子高上房”形容某家富有。而有些贫困人家一生都建不起上房，但建上房的地基是必须留下来的，无论是在内心还是在地理上。上房地基都是最神圣的地方，从不倒污水垢污，清扫得非常干净，等到来年发家，修建上房便成为头等大事。有些人一生会因建不起上房，至死也是满腹愧疚。山区人要是说某家穷，就会感叹“人老五辈没个上房”。建上房都用最好的工料，别的房可以凑合，上房是一院中最讲究的，所以当地人一般都肯倾一生的血汗建造。“客来开正门，相迎尊上房。”无论是官宦人家还是平民百姓，这都是待人接物最高的礼仪了。正因为家中上房是用来举行盛大活动和招待客人的地方，所以“上房”的布置也突出了其尊贵的地位，过去人常在上房中堂挂上伟人的画像或自家已故最尊敬的先祖画像，并且在画像下方的桌子上摆成神龛的模样，逢年过节，祭祀缅怀，燃香点表烟雾缭绕。南方人修建祠堂以缅怀先祖，六盘山区少有祠堂，但上房便有祠堂的功用。随着时代变迁，现在人家的中堂就随意多了，可以是一幅自己喜欢的山水画，可以是一手遒劲的书法作品，或是自家孩子得回来的奖状等。

“上房”一词在现代汉语中称为“堂屋”，而“堂”则是指长辈。新媳妇进门，一拜天地，二拜高堂，可见父母是儿女头上的天。在六盘山地区，上房必是长者居住之处，反之则视为不孝，被人笑话。古代汉语中对“上”字一般解释为：位置在高处的，质量高的或上等的，《史记·孝武本纪》中“上”特指帝王。可见，六盘山方言中“上房”一词不仅恰如其分地指出了一个屋子的地理位置和精神内涵，更表现了他们“百善孝为先”的理念，表现了他们对天地对生命对长者最真诚的敬意。

大泉水[①]

再一次来到了故乡的村口，站在了故乡的大泉水面前。

那一眼细小的泉水还在弹唱着轻快的歌谣，叮咚的水声穿透了记忆的帷幔回到了从前，心情在忐忑起伏中再次漾起了层层波澜。这一眼山泉，曾经养育了全村三百多口人，虽然它如母亲的乳房似的一天天在干瘪萎缩，到今天只剩下了眼前这个泉水的符号。

---

① 作者：梁喜霞，原载 2014 年 7 月 24 日《固原日报》。

我的故乡是中国西北部典型的贫水干旱的山区，逶迤而没有任何壮观可言的山峦在随意延伸中衍生出了一片片村落、一个个村舍。有山的地方就有水，从岩石裂缝或地下涌出的清凉甘冽的地下水就成了养育山民们的一个个母亲泉，眼前这个山泉就是诸多母亲泉的一个分子。可能是它供应了全村这么多人的生活用水的缘故吧，纯朴的乡民们就都叫它“大泉水”，久而久之“大泉水”就成了山泉的正名了。在我刚记事那时，故乡的这眼泉水还很旺盛，有碗口那么粗的一大股水从人工箍筑的水管中喷涌而出，经年不息地流淌着。每天天还没大亮，村子里就响起了水担钩磕着水桶发出的清脆的“叮当”声，之后不久，家里的“叮当”声也就从耳畔响起，父母亲也要起来挑够一天的生活用水然后下地干农活。这样的响声会无数次将我从睡梦中唤醒，也会叫醒了全村打鸣的公鸡，不一会儿，村子里熙熙攘攘脚步声、稀疏细碎的说话声、扁担扭动的咯吱声、大公鸡洪亮的鸣叫声，就形成了一支欢快的乡村清晨交响曲，这样的声响组合一直持续到挑水的高峰期过后才会逐渐偃息，最后村子里终于又恢复了黎明前的寂静，睡懒觉的孩子又可以在甜美的梦中沉沉睡去。多少年过去了，每在清晨醒来静静地躺在床上，我总会忆起这首欢快的乡村交响曲，给我的心里徒增了一丝温馨、一份恬柔!

上初中时，一到寒暑假，我便也加入到挑水的行列中。我们这个年龄段的孩子尤其是女孩子，再干不了农村其他繁重的农活，能帮家人分担的就是挑水这样的轻活。我的家在陡峭盘旋的山梁上，当我挑着水桶到达水泉边时，那里已挤满了一大群人，一个人两个水桶，从水泉跟前一直排到十几步以外的地方。这时的大泉水已不是我童年记忆里那么汹涌喷射了，水流量已越来越小，流满一桶水需要等好大会儿功夫。农闲时倒也罢了，一到五黄六月农忙时节，大家眼瞅着那一股细细的水流，再看看泉水周围那一个个紧挨着的密密麻麻的水桶，不免心里会着急，眼里也会流露出焦灼的神情。有大人在时秩序还算正常，因为大家都忙，等待一担水的时间可不短，谁也不好意思去插队，但大人逐渐离开后，这时候排在后边的个别男孩子就开始骚动不安了，他们“咣哩咣当”的移动着水桶往前挤了，但是任他们再怎么起哄但水桶的位置是按照先来后到的顺序紧密排好的，前面的水桶刚打满水被提开，紧挨着水桶马上依次往前挪动一步，中间连一只脚都插不进去别说想挤进一个人，所以他们蹦跶着吵闹一会儿一看没希望就熄火了，然后就乖乖地到后面耐心排队。排队等候是一件非常无聊的事，为了打发那漫长而难捺的时间，我最后想了个化无奈为愉快的好办法，订些比手掌还小的小本子时常拿在手里，里面写满了英语单词，还有我喜欢的古诗词，边等待边默默地背记东西。这样一来，漫长的时间竟然在不知不觉中度过了，甚至有好几回轮到我打水了，我还神情淡定地站在那里没有任何反应，直到后面的人大声地催促才将我从自己的世界唤醒。水和时间都非常宝贵的，浪费一点水和一点时间都会引起后面急切等待者的激烈愤慨。

当然，并不是排队的规律就真铁定的不可改变，有时遇到年迈的老人只提一个小水壶急着打水回去烧水喝，排在前面的人会很自然地把老人让到前面先打水，大家谁都不会有意见。还有一种特殊情况，我永远都不会忘记，一次快要轮到我打水了，突然一位不认识的大叔急匆匆地提着一个瓦罐跑来，脸上的汗珠子都顾不上去擦，就向大家央求着说："求你们行个方便，我是上面陈村的，我家里 86 岁的老娘快不行了，她老人家就惦记着你们村这一口泉水不肯咽气，让我先打这一瓦罐水吧！"他眼里流露出急切乞求的神情，我听后当时就惊呆了，来不及多问什么，我一把接过大叔手里的瓦罐给打的满满的并递出去，看着他急匆匆接过瓦罐转身小跑步离去的背影，我心里突然为我们村有这一眼清凉的泉水而自豪不已。回去给父母说了此事，原来这早已不是什么稀罕事了，我们村的大泉水以甘甜清凉而享誉方圆数里，许多老人在百年之前要喝下我们村的一口泉水才能闭眼这已是大家早习以为常的事，而且我们村的小伙子也因为这一眼泉水容易讨到漂亮媳妇，只要小伙子人精神，家里即使穷些，其他村的大人就冲这一眼泉水也情愿把女儿嫁过来。知道了关于泉水的这些事情后，我心里更加为我们村的大泉水骄傲不已。

泉水也是最具乡村特征的一个符号，无论深处天涯还是遥居海角，故乡那清汪汪的泉水总是能立即让人唤起浓浓的乡愁。

我的二叔，20 世纪 40 年代从师范学院毕业后投笔从戎，后在国民党军队做了一名军官，在国民党部队撤退台湾时随军而往，一别几十年杳无音信。我从很小时就知道，盼望二叔归来是我们全家人共同的信念。记得每到十五月圆的夜晚，爷爷都会望着天上那一轮冷月，泪眼朦胧地拄着拐杖在门外呆立良久。起初爷爷嘴里还默默地念叨着什么，后来就闭上眼睛静静地伫立着，那一刻爷爷的身形就像一个雕塑，每在那一刻我心里多么的为爷爷可怜，便也望着中天的冷月默默地祈祷着二叔能快点回来，让爷爷的夙愿能及早实现。后来国家对侨胞的政策放宽了，港台、侨胞可以回大陆探亲，就在我上初二那年暑假，远在台湾的二叔也回来了。到现在我还清楚地记得当时的情景，几辆黑色轿车在村口的公路上相继停下，二叔身着白色背带裤，花白的头发整齐地向后梳理，一只手臂托着一件白色西服，另一只手拄着一根锃亮的文明棍，在一行人的陪同下慢慢地向村子走来。快要走近大泉水时，突然他丢开众人快步朝前走去，走到大泉水前时，二叔表情非常激动地嗫嚅着嘴唇，眼泪已经从金丝眼镜背后奔涌而出，最后竟一下子跪倒在泉水边一阵哽咽，随同的人上前好久才把他从地上扶起来。后来，二叔坐在老家的炕头上和家人拉闲时才说，他们那些漂泊海外的人都有着深深的乡土情结，故乡那坑坑洼洼的山路、张望在村口的老白杨树，甚至村子的狗吠声都是他们时常魂牵梦绕的乡音，而让二叔魂牵梦绕的就是村口的这眼大泉水，多少个夜晚，二叔都在梦里和爷爷、奶奶及家人在村口挑水，也在梦里无数次地畅饮故乡这甘甜的泉水。最美不过家乡水，离开故乡这么多年，二叔的舌头挑剔地品尝着他喝过的所有地方的水，可哪儿的水都不如老家大泉的水甘甜清爽。“不赏它地异风情，单思乡故复土新”，我们知道，故乡的泉水里融合着二叔浓浓的乡情，故乡的泉水里也有二叔最深的牵挂和最静谧的梦。

大泉水的水量在逐年递减着，到我参加工作离开家乡那一年时只剩下一根筷子那么粗的细流在静静地流淌，要挑满一大桶水得二十多分钟的时间。好在不久移民工程和引水工程同时启动了，和我老家那样在山梁上居住的村民被搬到移民新村，自来水一直通到了院子里，泉水周围平缓处居住的一些村民也都接上了自来水管，这样曾经热闹非凡也意义非凡的大泉水就常年寂静地在那里兀自流淌着。自来水是比大泉水方便了，水流量也比大泉汹涌得多，但那混合着漂白粉味和铁管锈味的自来水怎么比得上大泉水的甘甜爽口？每次回去，我总会盛一大桶大泉水带回城里，然后在周末的午后，冲一杯淡淡的茉莉香茗，看着茶杯口浮出的氤氲气蔼，静静地感受大泉水的脉脉温情，细细地品尝大泉水余味那熟悉的甘甜清爽，更在品尝那一段与大泉水同样甜美的岁月心情。我相信，每一个走出故土在外漂泊的游子，梦里都有大泉水那曼妙的倩影，心里都有根剪不断的大泉水情结。直到现在，村口的大泉水总会隔三差五入我清梦，用轻柔的红酥手抹平岁月的伤痕的印迹，并伴我轻舞飞扬地重走童年、重走青春。

吉祥三宝 ①

吉祥村是宁夏籍导演刘苗苗20世纪90年代在我的家乡奠安乡梁堡村拍摄的电影《杂嘴子》中的故事。多少年来，村子里不知曾经发生过多少鲜为人知的故事，尤其珍藏在家乡的“三宝”演绎出世事的变迁和沧桑……

① 作者：梁连生，原载《六盘人家》2012年第1期。

古老的城堡

一千年前，先辈们就在村子里修筑了既防外患又安全居住的城堡。古城堡隐藏在半山腰上，城门朝西，门额上镂刻有“吉祥”二字，城堡东西长170米，南北宽70米。站在山上看，它踞居平川，而身处其地看，它则身居高山中，确有几分神奇。古老的城堡，它总是充满着神秘的色彩。

在这古老的城堡中，曾经有先辈们踽踽独行的足迹，曾经有先辈们的苦难与艰辛，曾经有先辈们的传奇与荣耀……我先辈争雄之是非，数代子孙繁衍；我先辈勤奋艺植百谷，揉木为耒；我先辈聪慧，以筑城堡，蜗居在此，上栋下宇而待风雨，传承国家文明，故使家乡常添新景致。古城堡里，绿树成阴，静谧而洁净，现在的面貌充满着世事的变迁和电影镜头里的沧桑。

古城堡里最吸引人的是一处至今保存完整的明代古宅“世德堂”，在这古老的古宅中，曾经有康熙皇帝微服私访时题写的匾额，尽管在“文化大革命”中惨遭破坏，但它印证了这古城堡沧桑的历史。

世事变迁，岁月更替，古城堡由居住的农户三十多户人家减少到现在十几户。古老城堡，风蚀雨淋，依旧神姿犹存，充满着诸多遐想的空间……

好大一棵核桃树

我家的门前生长着一株约500年前的大核桃树，它差不多有五六层楼那么高。树形虬蟠苍朴，华盖如亭。饱经沧桑的大核桃树是历史的见证，它已成为村民们朝夕相处的好朋友。

核桃树躯干刚健粗壮，直径超过两米，身躯必须三人方可合抱，一拃（5寸）厚的树皮，斑斑驳驳，足见它的刚毅和极具生命力。它吸收古城堡下水肥的精华，经过四百多个秋冬的历练，铸就了坚强挺拔的体格，它是树中的伟丈夫，创造了一个生命的奇迹。

春天，大核桃树萌发新芽，充满勃勃生机。蜜蜂在叶间穿梭徘徊，蝴蝶在枝头踌躇盘旋。特别是那些下垂或翘起的细嫩枝丫，在暖暖的春风里，婀娜多姿，轻盈柔美，富有诗意，织成了美丽而有动感的图案，又像是一幅淋漓的水墨画。

炎炎夏日，大核桃树枝繁叶茂，像张开了一把绿色的大伞，遮天蔽日，树下的我们享受阴凉和舒适，更有各种鸟儿被招来，栖息在绿阴中，我们很难见它们的身影，只听到它们的鸣叫声。清晨那些叽叽喳喳叫的鸟儿们的热闹声让我经常在半睡半醒中，好像听着一首多声部的大合唱。大核桃树成了一株会唱歌的树。

到了秋天，枝枝杈杈上的核桃沉甸甸的，风吹叶摇，便作媚态。中秋前后，举头便见大核桃树上熟透了已脱出绿皮的核桃，常常使人直流口水。每当这时，常有孩童爬上树采摘核桃吃。果尽叶疏、树叶渐渐由绿变黄，并开始一片一片忽悠忽悠地掉落下来，几天工夫便落个精光。裸露的树枝像是张挂在天幕上的一幅剪纸。

进入冬天，核桃树上那光亮的树枝在呼啸的寒风中摇曳，挺拔直插云天的躯干暴露在风雪中，显得有几分狰狞，也显得异常清冷和苍劲。

大核桃树一年四季变换着不同的形态，通报着春夏秋冬的信息，表现出不同的性格与风姿，给人以不同的感受……

好大一棵核桃树，它绿化四周环境、净化空气，给人以自然之美感。它是矗立在我家门前的一幅画，是萦回在人们耳边的一支歌，是我们天天读着的一首诗。

好大一棵核桃树，高大的树冠布满生绿。我和我的全家沉浸在绿色的氛围里，尽享绿阴。

愿核桃树长得更高、更大，再留百世、千世，让村民们尽享绿阴，福及百载……

汩汩流淌的泉水

世间泉水只叮咚，我家泉水汩汩流。川流不息，滋润万物。疏浚古泉，溯源延流；水出岩穴，深不可测；即便腊寒，亦不结冰；如珠玉落，珠玑纷飞；波及池渠，沉澈明净。两眼泉水，四季如注，逾千载不竭其流，滋百世不涸其醇。乡邻百里，声名远播。一泓清流出管，汩汩流淌似瀑。掬起一汪清流，呷入口中，便觉沁入肺腑，酣醉醇厚，清明透心，淡雅明静，如醉如痴。唐朝诗人高适在《登陇》一诗中，将山间飞瀑、珠洒玉落的泉水描写得淋漓尽致。我以为，高适先生诗中所描写的村野山泉，与我村汩汩流淌的泉水如出一辙。

山股逗飞泉，泓澄傍岩石。
乱垂寒玉条，碎洒珍珠滴。
澄波涵万象，明镜泻山色。
有时乘日来，赏咏还自适。

风匣 ①

风匣，也就是风箱。

穿越时间的隧道，跨过岁月的屏障，风匣活灵活现在我的眼前。一个个木风匣，是村庄烟火的催生者；是村里人日常生活中不可缺少的重要工具之一。日日月月年年伴随人们过着清贫而自足的日子，是村庄永远的记忆。

远去的童年，留下的是梦一样的影像和往事。

记事起，家里就有一个小巧玲珑的木风匣；不知用了多长时间，从那中间磨得光滑且细细的两根风板上来看，有很长很长的一段时日了。因为烧火做饭的时候，手握风板的手柄，拉出来，推进去，拉出来，推进去，就这样反反复复无数次，直到一锅水烧开，或一顿饭做熟……

在一个阳光灿烂的中午，家里烧火做饭的时候，是哥哥在拉风匣，不知怎么，这个木风匣的一根风板断了，我记不清那顿饭做熟了没有，也记不清那顿饭家里人是怎么吃的；我只记得父亲把哥哥从厨房拉到院子里后，动手打了他……事实上，那两根风板中间已经磨得很细了，而两头依然结实，似乎稍一用力就会折断。

别看一个木箱似的风匣，它的结构是比较复杂的；除非木匠，别人是做不成的。没有了风匣，一家人的烧火做饭就成了问题。

那时的村庄，没有电。那时的村庄，能工巧匠也很少，一时半会儿是找不到一个木匠的。难怪父亲很生气，便动手打了小小的哥哥，关于风匣的诸多记忆也留在了我的心灵深处……

家里用的第二个木风匣是二姨夫做的。二姨夫是个手艺不错的木匠。他还为我家做了一个很大且好看的面柜，做了三个精美的“护窗”。只因为二姨夫家距离我家很远，大约六七十里山路。想必那么多家具，二姨夫三两天之内是做不成的，他一定在我家住了好几天，也花费了不少工夫和汗水。他的一些劳动成果直到三十多年后的今天，仍然在我的老家发挥着重要作用。

1980 年，村庄里才通了电。这是古老的村庄里发生的天大的喜事。祖祖辈辈不知在煤油灯的世界里生活了多少年，从此告别了一个又一个暗淡、黑暗的夜晚，迎来了明亮、充满希望的生活。

---

① 作者：刘向忠，原载《文学港》2016 年第 10 期。

有了电之后，父亲买回来一个鼓风机，代替了木风匣；的的确确减轻了人力，节省了时间，烧水做饭在短时间内就能完成。有了电，有了鼓风机，木风匣就被置于厨房的一角，只在停电的时候再用它煽风。

二姨夫做的木风匣特别结实，用的木版较厚。从外表来看，木风匣是一个长方体木箱，它由两部分构成。箱外较宽的一面正中有一个五寸长的风嘴，较窄的两面下方各有一个正方形的小口，小口内各有一个能活动的正方形的风板，正好盖主小口。风箱内又有一块长方形的木版，连接着上下两根风板，风板另一头通向箱外，又连接着一个手柄。把木风匣安在锅台的一边，在灶内点着柴火，然后，用手握住风匣的手柄，推进去，拉出来，推进去，拉出来，就会产生源源不断的风，吹燃柴火，从而烧开水，做熟饭。

我从小身体柔弱，也比较听话，拉风匣和母亲一起做饭就成了家庭生活中难忘的一个情节。

母亲每每生着火之后，我就拿一个小木凳，坐在风匣跟前，用双手握住风匣的手柄，开始拉风匣烧开水。木板推进去之后，前面的风板张开，后面的风板紧闭，原来是往进吸风，再通过风嘴传进灶内；往出拉木版的时候，前面的风板紧闭，后面的风板张开。拉动木板的时候，风匣发出小小的“呜呜”的声音。而母亲则忙着切菜，或揉好面，开始擀面条……

小小的我一天又一天地拉着风匣，也一天又一天地成长着。年轻的母亲一天又一天地忙碌着，也一天又一天地为家里人做着可口的饭菜。那时候，母亲做饭的手艺在小村庄里是出了名的，尤其是做手擀长面，薄、细、柔、滑、有筋道，色香味俱全。我记得有时候外面的“工作组”或上面来人，队长会安排在我家，让母亲为他们做饭。

就是这么个普普通通的木风匣，过去农家生活中不可缺少的工具，有的人家竟然做不起。村庄里比我年长的李文化家就没有风匣，他家的生活境况非常拮据。家里有常年患肺结核病卧床不起的母亲、有老实巴交的父亲，还有他们兄弟四人。更糟糕的是，他家几乎连火柴都买不起。我清晰地记得，每到中午或傍晚，穿着一身褴褛衣服的李文化便手拿一大把干麦草，来到我家大门前，叫一声：“刘家婶婶。”母亲知道他来干什么，边答应边停下手中的活，从灶内用火棍掏出几个火蛋，再用火棍夹住，然后走出厨房，笑着把火蛋轻轻放进李文化手中的干麦草上。我家离他家有一段距离，大约需要走二三分钟。我想他是一路小跑着跑回家的，把手中的麦草塞进他家的锅灶内，引燃火，再用干木柴开始烧水做饭……这样长年累月不知有多少次。善良的母亲同情他家的境况，还力所能及地接济他们，无论是要东西还是借东西，母亲从来都没有拒绝过。那时候，我经常去他家玩耍，每次都是他蹲在灶前吹火给一家人做饭。我们还经常一起去田野里拾柴、割草或放牲畜。

听母亲说，李文化其实只上过一两年学。常言道：三十年河东，三十年河西。随着时光的流逝和社会的进步，李文化家也发生了很大的变化。他母亲去世后，他哥哥给人家做了上门女婿，他和三弟相继成了家。更让人想不到的是，他的四弟中学毕业后，在外面打了几年工，之后这家伙竟然做起了小包工头，并且在兰州市买了楼房。而李文化也当上了社长（我记得村庄最早叫生产队，后来叫组，现在叫社）……

有一次回老家，白发苍苍的母亲伤心地对我说：因为收什么费用，李文化竟然站在我家大门前，盛气凌人地呵斥疲惫不堪的父亲。我半天无语，只因我们兄弟都在离老家很远很远的地方。

村庄还是那个村庄。院落还是那个院落。大门还是那个大门。木风匣还在老家厨房的地上不动声色地放着，依然保存完好……

◉ 掌故逸闻

梁大爷告御状

梁堡村居民以梁姓人居多，按入住先后分老、中、小三头分（辈分）。中辈家有个先祖梁大爷，名叫克勤，住在水沟地。他为人忠厚本分，恋念乡民，胆大心细，又嫉恶如仇，爱打抱不平。

为维持家计，梁大爷干起了脚户行当，来往于周边汉中、河州、平凉、静宁几个州县，贩运盐粮和一些日杂用品。因此，家里也算富裕，牛马成群，土地宽广，粮食有余。更重要的是他谙悉民情，深知老百姓受大灾、兵匪、苛捐杂税的祸害，日子过得很凄惶。

清朝同治、光绪年间，官兵拦路设卡，强行收税。以前，一头驮货毛驴收税三各（一升的三分之一）粮食，后来不断增加，涨到一升。再后来，当差的为方便干脆用帽子代替升子按取税粮，把一升改为一帽。实际上，一帽盛粮近三升。商贩们怨声载道，苦不堪言，但无力反抗，只好忍气吞声。梁大爷和同行的静宁人翟祥曾到县府申辩，被撵了出来。一气之下，二人决定上京告状。

一路上 ，他们风餐露宿，日夜兼程，遭了很多罪。梁大爷胆大、有魄力，翟祥善谋、有心计。二人在路途上谋划好了应对之策，写好了申诉大状。

来到京城，他们一连几天打探，就是找不到告状的门路。有一天，好心的店主人告诉他们：三天后皇帝要到某寺庙降香。二人喜出望外，商量决定拦轿告状。

这天，梁大爷二人老早来在皇帝必经的官道旁边，伪装隐蔽，把状子别在发辫上，耐心地等候着。果然，皇帝的仪仗队过来了。仪仗彩旗蔽日，开道锣声喧天，气势煞是威严。等到轿子离得很近时，梁大爷一个箭步窜到路中间跪着，翟祥也跟了上来。二人一起大喊“冤枉”。侍卫一看有人当道，围上来就是一顿乱打。他二人只顾口中喊冤，打死也不动。侍卫便挥起一刀，割走了诉状，梁大爷的辫子也被割掉了。二人被打落壕中，望着远去的仪仗队伍，只能悻悻地离开。

回到店房，店主人一番好心安慰，并给他们出主意：三日后便开堂审问，要准备一瓶清油。

果然，第三天有衙役传唤，要上堂回话。

旧时代，越级进京告状的是非正常渠道申诉的人，都要受到严酷的考验，那就是滚了钉板才能接状子受理。

钉板为宽约五尺，长约一丈、一寸厚的木板，上边钉有横八排、每排九个五六寸长的铁钉，共七十二枚，钉尖向上并排竖立。

尽管梁大爷早已做了准备，贴身佩戴了一面铜镜，保护了心脏，但板上的钉尖极其锋利，一趟滚下来，已经鲜血涌流。他咬牙忍着痛苦，面不改色。

二人随着衙役走进大堂口，眼前一片漆黑。冥冥之中，有灯光飘飘忽忽，一会儿明，一会儿暗，甚是可怕。梁大爷心想：这恐怕就是传说的假设阴曹吧！他大声喊道：“灭掉酒灯，换上油灯回话！”里面传过话来：“此地无油！”梁大爷从袖筒里摸出油瓶说：“我这里有”。这才灭掉酒灯，换上油灯，眼前亮了许多。

判官问：“你家住哪里，家境如何？”

梁大爷一五一十地告诉他家庭情况，有多少地，多少牛马，多少粮食。

判官还问：“你告状，难道没有人拦劝？”

梁大爷述说了妻子儿女阻止的情形。

判官厉声喝道：“你家境富裕、妻儿劝阻，为何还要状告地方官府？难道不怕死吗？”

梁大爷毫无惧色，大声说：“昔日夏禹王开渠治水，难道是为他一人私情？”

判官口气缓和下来，问道："你状告官府，为的何事？"

梁大爷述说了官府设卡征收苛税的情形后，高声质问道："一驴一帽，帽帽三升，日过千驴，贪污多少？"

判官沉思良久，这才画押，准备退堂。

以前，告御状是要被发流的。梁大爷恳请："发流到哪里都行，千万不要发流到小黑龙江，那地方苦醮，我活不成。"判官心思：我偏发你到小黑龙江。其实，隆德县域就叫小黑龙江。这一来，梁大爷就被发配回原籍了。

等到梁大爷和翟祥回来时才知道，静宁、隆德、庄浪三州县的官员已经被杀的杀了，被免的免了。官府给梁大爷还立了石碑，记述他的功德。

可惜的是"文化大革命""破四旧"时，毁掉了碑文及图案，现在只隐约可见花纹和几个不完整的文字。民间只流传梁大爷为民告御状的故事，却很少有人知道他的名字，也不清楚功德碑立于何年何月。

《梁先祖宗亲家谱》记载："杰出英贤人物梁大爷，讳克勤，忠孝俱全，品德仁慈，富贵其家。……当清朝贪官县令苛税加倍，民众深难关头，梁大爷仁慈为民，不怕艰险万难，行程万里，进京告皇状。在森严的帝王面前，舍得一身剐，压若泰山，奋勇直前，九死一生，终而告了皇状。皇帝通告斩首县长，减轻重税，万民颂扬，公举梁大爷立碑纪念，永垂不朽！"

马套子比武艺延续军魂

千年古堡，习武成风，武生辈出。据当地老人讲，明清时期，梁堡村就出过武举人 3 名。村里有比武场，现在保留下来的地名马套子就是比武时的赛马场。村民刘昌珀的爷爷刘寅河就是一个武贡生，刘昌珀的父亲刘岗习武，村民称他为武先生，他发的弓箭百发百中。村民梁植也是一个武贡生。梁庆、梁应、柴国录武艺高强，梁应、梁庆两人师承西北教头周凤鸣。另外，村民梁西栋的小洪拳、三尺棍，梁占海的流星锤，梁含敬、梁仁岳、梁仁多的连枷棍，刘笃敬的双刀，梁含满的单刀，梁含东的黑虎鞭，梁含俊的阴阳绝命

梁仁多老人挥舞连枷棍

棍，董具仓的草里蛇棍，柴应芳的棍，梁占仓、梁四辈的太极拳在附近村落都很有名。

古堡的集市摊设有驻军和国家养马基地，时称“马套子”。马套子联系着梁堡村绵绵不断的武脉。梁堡马套子比武场的出现，为梁堡村保家卫国、习武成风奠定了扎实的基础，为男儿踊跃参军、奋战沙场起到了良好的推动作用。清乾隆四十六年（1781）石峰堡之战，清军围攻邸店回民义军，激战惨烈，死伤人数甚多，邸店镇被清军占领后，梁堡村村民尚武风气大增。由于这里是石峰堡回民军起义的主要据点，官方特别重视训练马队，刘姓与梁姓都有武举人，在马套子经常开展比武活动。在这样一个良好的习武氛围中，梁堡村的男子大多都会一两样拳术套路，有的会连枷棍，有的会流星锤，有的会小洪拳等。

尚武精神的传承促动村里有志青年踊跃参军，应征入伍的人很多。从 1944 年梁福荣参加青年远征军算起，到 2016 年年底，全村应征入伍的人数为 34 人。

丁生贵办私塾传承文脉

乐教梓楠同受范，喜观桃李广成才。梁堡村崇文尚教之风十分浓厚，梁堡村的刘、梁、董三大姓氏有家谱记载均是明代陕西泾阳、岐山移民，柴氏、柳两大氏家谱记载是明、清时期山西大槐树移民。明清时期，村里出过两名贡生。

梁堡私塾创办于 1935 年，由今隆德县奠安乡丁家村丁生贵创办。丁生贵（1908—1965），隆德县奠安乡丁家村人，1926 年毕业于隆德县峰台书院。他在梁堡创办的私塾，是当时从甘肃省庄浪县岳堡乡到宁夏隆德县奠安乡一道川之内，最早的而且是唯一的一所私塾。第一次在城堡内上院刘笃敬家院子，招收六七岁的孩子读书识字。1936 年，丁生贵、梁国英又将私塾搬到城堡内村民梁河家的院子。

当时上私塾的学生有梁维岳、刘万绪、刘峰吉、刘信、梁占江、柴仲山、梁炳乾、柳德隆、梁嵋、梁庭栋、梁海、梁福荣、丁炳炎、刘缙、梁浩功、梁仑、董福寿、梁维廷等。梁堡私塾的创办，联系着梁堡薪火相传的文脉。

1941 年 8 月，国民政府在梁堡村设立保国民学校，校址在城堡西城门外的平地处。1940 年 8 月至 1945 年 7 月，全国各保普设国民学校，各乡镇普设中心学校，以普及全国国民教育。梁堡保国民学校聘任甘肃省庄浪县东峡人史廷奎为校长兼教师，史廷奎为梁堡小学的第一任教师。

保国民学校的修建、购置以及教师薪给都按照当时规定：“保国民学校经费及乡镇中心学校之办公、设备、扩充等费，应以基金所生之利息为大宗来源”“保国民学校之基金，由保筹集之”。筹集数额为小学初级一学级应筹集基金最低国币2500元，或每年有250元以上的财产收益。筹集时间为三期，每期三年，由保民大会决定后，呈准县市政府备案施行。基金筹集的办法有：主要劝勉当地寺庙拨捐财产作为基金；经营公有生产事业收取租息作为基金；利用荒山地作为公有田地，由学校商得保民同意征用民工耕种，收入作为基金；由保民依其富力自认捐款作为基金。新中国成立后，梁堡保国民学校改为梁堡小学。2002年梁堡小学与景林学校合并，校址迁到梁堡村一组唐杨公路北面。

时光荏苒，文脉相传。昔日的梁堡私塾、梁堡保国民学校，今日的梁堡小学，在新世纪的教育事业中，为社会主义建设培养合格的人才，为祖国的未来造就全面发展的一代又一代新人。

民间传说

“升斗地”的传说

梁堡位于隆德县南部，属六盘山西麓。这里三面环山，地表水丰富，土质属黑砂土，土地肥沃，地势区位优势明显。位于村西的“升斗地”旱涝保收，是村子里的粮食高产地。

关于“升斗”地名的来历有个传说。相传清朝康熙帝时期，一次外出巡视，路过此地，见地里的谷子长势很好，就吩咐随从停住。康熙帝下驴后，来到地边，随手掐了一穗谷子，用手揉开，看到谷子颗粒饱满，很是喜悦。他说：“这样的地，打下的粮食不用升量，可用斗装。”由于是皇帝到此并关注谷穗长势，此地从那时起就改名叫作“升斗地”，并一直流传下来。

神龟探泉

梁堡村三面环山，其山脉系六盘山西行的分支。其中，北山的形状很像一只探头的乌龟，古堡就建在乌龟的头顶。乌龟的头下有两眼泉，泉水自砂岩层汩汩渗出，交汇成流，从管道喷涌而泻，四季不歇。泉水清冽、甘甜，冬天不结冰，夏天又特别凉爽。相传，这泉水是神龟口渴时探得的，所以引来无数过路人解渴品尝，深受青睐。方圆几里，谁家得了好茶，要到这里取水品茗，谁家自己酿酒，首选这泉水。就连快要去世的老人，也央求子孙取来这泉水喝下，才甘心瞑目。据说，这两眼泉以前归官家拥有，现在仍叫“官泉”。

村民梁伟宏有《官泉》诗云：“清澈梁堡泉，龟口吐清潺；千古流不尽，万年海相连。甘甜梁堡泉，神奇百里传；泉水泡茶香，浓香醉神仙。清凉梁堡泉，神水瑶池连；年老欲泉水，润心安九泉。纯净梁堡泉，养民数百年；神水奥妙多，大泉出英贤。”

凤凰山传说

梁堡村坐落北山下，对面的南山叫凤凰山。

相传，东周最后一位君主周懒王（即周赧王）坐镇庆阳时，庆阳城发大水，洪水围住了全城。周懒王带领百姓划着木船沿整个河道检查，最后发现下游板桥附近有一座小山横在河中间，挡住了水的去路。周懒王发动民众把小山挖了一个豁口，让水能够流出去，可是白天挖了一天的山晚上又合在一起了。一直持续了好几天，一直到第六天时，人们越来越纳闷：白天挖开，晚上怎么又长住了，究竟是怎么回事？

一天晚上，周懒王很郁闷，来到城墙头上，提着酒坛子，坐在一块大石头上喝闷酒。突然，听到有人说话，他看了看周围没人，最后看到在城头外边洪水中有两个蛟龙头若隐若现，原来是他们在说话呢。其中一只蛟龙说：“如果明天中午他们杀不了我们的话，庆阳这块宝地就属于我们了，洪水永远就放不出去，我们就可以兴风作浪了。”另一个蛟龙问：“怎么做才不被杀呢？”“只要他们找不到我们的龙脉，我们永远都是安全的，还有凤凰用马莲草治疗咱们的伤口呢！”周懒王一听，原来是这些家伙在作怪啊。可龙脉到底是啥东西呢？周懒王苦思冥想着，不知不觉靠在城头上睡着了。忽然他看见天空中飞来一只飞鸟，口中衔着一根马莲草，猛然惊醒，原来是一场梦。

第二天天未亮，周懒王又带领民众去开山，开着开着，他看见山南边长着许多马莲草，且很茂盛。他猛然想起昨晚梦中的经历，于是民工专找马莲根挖。有几根比较粗的马莲根直直长到了山里面，他们顺着向下挖，有人不小心挖断了其中最粗的一根。突然，伴着一声惊天动地的惨叫，一股殷红的鲜血从马莲根中冒出，整条河都被染成了红色。继而那座山自然崩塌，河水一泻而下。之后，庆阳城恢复了往日的面貌，人们又安居乐业了。

为了斩草除根，周懒王命令人继续四处寻找，凡是有龙象的山脉统统斩断，凡是碰到的马莲草全部除掉。

传说，梁堡村大凸山上有个马莲路就是飞鸟衔马莲草的地方，西边唐山梁上的闫家壑岘就是斩龙脉留下的痕迹，而飞鸟正是凤凰山的化身。

“喇嘛墩”的传说

“喇嘛墩”在村西北山梁，有隆起的一个山包，形状像癞蛤蟆头。

相传，古时常遭暴雨、冰雹灾祸。有一次电闪雷鸣时，村里人点山炮打白雨（冰雹），从天上降下一个怪物，落在山顶。第二天，人们发现山上有一个斗大的癞蛤蟆。每当暴风雨来临时，它就在山顶朝天发威。它如果口中流水，天就下大雨；它如果口吐白沫，天就下“白雨”。村民非常害怕，就请来一位有本事的喇嘛，筑台做法七七四十九天，终于降服了这个怪物，把它压在土台下，就形成了蛤蟆头样儿的小山包，人们便叫它“喇嘛墩”。从此，人们非常敬佩喇嘛，每年请来喇嘛，帮助村民“闸山”，抵御“白雨”。喇嘛农历四月八日上山，做法一番，埋下一些“法器”（无非是在猫儿头、狗头、鹿角、蛋壳和碗等器物上画写咒符、咒语），农历九月九日下山收取村民丰厚的供奉钱粮。到现在，村民还流传着一句俗语：风吹雨打，少不了喇嘛爷的。

倒背手

梁堡一带人有个习惯，走路时总喜欢背着双手。传说这是尊祖之俗。要知道这个风俗的来由，得从秦始皇说起。

那年秦始皇修陵墓，人手不够，丞相李斯说，山西人稠，不妨征集一些来当土工。秦始皇准奏，便发兵山西征集民夫。

秦兵到了山西，住在大槐树村。人们见秦兵来了，都吓跑了。不久，见秦军贴出告示，原来是来征民夫的，又见布告明言，凡大槐树村四周三里内住户不征。人们便纷纷搬到大槐树村四周三里之内，谁也没料到这正是秦军征夫的计策。

一天，秦军突然撤出大槐树村。人们正为此高兴，没料想秦兵在三里外设了个包围圈，把所有精壮劳力一齐抓起来反绑了双手。征往骊山脚下修造陵墓。当时，不少人家见亲人征走，便追踪而来，秦始皇怕影响筑陵工程，便令秦军将来秦地的山西人一律杀死。李斯听后忙阻止说：“我主不必如此，来者让他们安家落户，开垦渭河两岸荒田，也可为国交税，此乃富国之道。”秦始皇听言便下了一道圣旨，让山西移民在关中地方各自落业，开荒种田。

陵墓将造成，一些民夫回家团圆了，但人们没有忘记双手被绑离家的情景，因而走路时常常思念祖先，就背手行走。梁堡人都是陕西移民，这个倒背手的习俗就这样传了下来。

“嫂子面”

天下面食数陕西，陕西面食数岐山。梁堡人来自陕西，面食成为当地人的偏爱。

相传，岐山县有户殷实人家娶了个聪慧的媳妇，不仅容貌过人，而且心灵手巧。一天婆家逢喜事，全家欢乐，为了使大家美餐一顿，这媳妇就做了一种独特的面条。她把白面和硬调软，擀薄切细，再将红萝卜、黄花、木耳、豆腐切碎炒干作底菜；又把大肉切碎，以生姜、凤椒、茴香、大葱为调料，在油锅中炒熟作苦菜；另把鸡蛋摊成薄饼，切成菱形小片，与切细的蒜苗作漂菜；然后把水烧开，调上足够的盐、醋、香料、撒上漂菜作汤用。吃时先在碗内打上底菜，再捞面，后浇汤。这种面条，汤多“煎、稀、汪”，面少“薄、劲、光”，进嘴“酸、辣、香”。真是美味啊！这家人吃后，老少开心，特别是她的小叔子，饭后还想着面香好吃，常常哭闹着要吃嫂子做的面条。后来，小叔子长大做了官，有年春节携带家小回乡省亲，又请求嫂子做面吃。嫂子照原法制作，小叔子吃后赞不绝口，便称此面为“嫂子面”。时间长了，人们把“嫂子面”传成了“臊子面”。

从此“臊子面”逐渐普及到千家万户，成为梁堡一带款待亲朋贵宾的主食名吃。

刘秀的故事

汉中兴皇帝刘秀的故事亦很有趣。传说王莽篡位后，派大刀苏显追杀刘秀。一天，苏显将刘秀赶得走投无路，情急之下，他便藏身于正在耕作的土犁沟里，被老农一犁将其掩埋起来。苏显追兵追到这块耕地边，突然不见刘秀，便下令全军人马一齐在耕过的地上踩踏，想把刘秀踩死。这时一只喜鹊叫道：“喳喳喳，刘秀在哪哒！”乌鸦改口叫道：“哇哇哇，刘秀已跑啦！”耕地的骡子明明知道它蹄下踩的是刘秀，就是没有将蹄子抬一抬。追兵走后，刘秀从犁沟里爬出问农夫：“刚才差点踩死我的是谁？”农夫回答说：“是骡子。”刘秀闻言大怒，骂道：“骡子性狠，我让你永不得生驹”！刘秀又问：“刚才在我头顶叽叽喳喳叫的是谁？”农夫回答说：“是喜鹊”。刘秀又骂道：“这些尖嘴长舌的喜鹊，不是好东西，我罚它三伏天不得喝水，三九天不得进窝！”俗话说，皇帝是金口玉言，自此，骡子便落了个终生不育的悲剧；喜鹊便三伏不喝水，三九不进窝。刘秀当了皇帝后，思念昔日曾救过自己性命的乌鸦，便下令给其挂银项圈予以褒奖。但他却没分清乌鸦和噪鸦，错把银项圈挂在了噪鸦的脖子上，乌鸦一见气得口吐鲜血，染红了嘴。从此噪鸦是白脖项，乌鸦嘴是红色的。与乌鸦一同受奖的还有桑树，它曾在刘秀逃难时，用桑果为其充饥解渴，是有功劳的。刘秀登基后，派人为其披红挂彩。但派去的人又弄错了，将红披在了椿树身上，椿树成了木王。椿树无功受禄，乐得又蹦又跳，跌在了半崖洼里，桑树由于太悲愤气破了肚皮。从此，椿树多在半崖洼生长，桑树皮年年都裂口子。

梁堡人到现在盖房子时总要用一些椿木，因为它是皇帝封过的木王。

喝汤

梁堡人把红白喜事款待亲戚的第一顿饭叫喝汤。

其实这与一天的晚饭有关系。现实生活中，有很多人晚上这顿饭吃的是正餐，那为什么一直叫喝汤而不改呢？这习俗有个传说。元朝时，朝廷只准汉人每天吃早、午两顿饭，也就是说家中每天只能冒两次烟。人们白天劳作一天，特别是夏天的下午劳作时间更长，回家后不吃晚饭，饿得慌，睡不着，民众不断向当地衙门反映情况，但一直得不到解决。最后，大家商量个对策，提出晚饭不吃可以，但要喝些汤。当地衙门接到奏报，觉得只是喝些汤，又不是吃东西，也迫于民众的压力，就上报朝廷，朝廷不得已也就准奏了。从那时起至今，人们就可以晚上吃饭，并把这顿饭叫喝汤，意思是这不算正式的一顿饭。

◉ 谚语

谚语是人们生产、生活中长期积累的经验进行描述的简练语言。梁堡村历史悠久、谚语丰富。在此选摘民间常用的两类谚语作一介绍。

天气类谚语

八月十五云遮月，正月十五雪打灯。

重阳不下盼十三,十三不下一冬干。

惊寒不算寒，春寒多半年。

初一、十五天不好，这月晴天一定少。

东绛（虹）日头，西绛雨。

缸穿罗裙山戴帽，蚂蚁搬家蛇铺道，大雨将要到。

日落跌到云口里，睡到半夜雨吼呢。

日出色红，没雨即风。

黑云接太阳，雨在今晚上。

农耕时令类谚语

春打六九头，五九尾。

春雨贵似油，保墒抢时候。

开春一场雨，秋收万石粮。

二月二，龙抬头。

一把二月过，就把犁枕摸。

过了惊蛰，庄稼汉不站牛。

深谷子，浅糜子，胡麻种在浮皮子。

清明前后，种瓜点豆。

清明谷雨对立夏。

清明断雪，谷雨止霜。

吃了端午粽，棉衣完全送。

春争日，夏争时，一年农时不宜迟。

该热不热，五谷不结。

锄头底下有三宝：防旱、防涝、除杂草。

麦怕杏黄，荞怕种上。

蚕老一时，麦熟一晌。

小暑见个儿，大暑见摞儿。

莜麦上场，核头满瓤。

立秋不立秋，六月二十头。

七月葱，八月空。

交了七月节，夜寒白天热。

冬耕深一寸，等于多上粪。

麦盖三床被，枕着馒头睡。

冷在三九，热在中伏。

大雪年年有，不在三九在四九。

◉ 歇后语

智慧的梁堡人民在千百年的生活实践中创造出了一种特殊语言形式——歇后语，反映了梁堡村特有的风俗传统和民族文化，有明晓哲理、提升智慧的作用。这是一种历史沧桑的沉淀和淬炼，凝聚成了绝妙的汉语言艺术。

梁堡民间歇后语：

满脸毛吃馓饭——胡粘（音“ran”）

墙旮呢挂口袋——不像话（画）

墙上挂磨盘——大石画（实话）

炒面捏娃娃——熟人

老鼠药拌蒜——毒辣

三十晚上狼叫唤——给个隔年的害怕

扁担上睡觉——想得宽

八十岁学吹唢呐——学会了，气断了

屁股上挂刀子——要的要命的牌子

瓦沟里种蒜——小凼子货

鸭子吃菠菜——硬铲哩

千里路上一穗谷——有你一个不多，没你一个不少

案板底下放风筝——起手不高

癞蛤蟆打哈欠——好大的口气

高山上的烟雾——尽在嘴头上绕着呢

老公鸡带镲（音“cá”）子——装的大牲口

老牛的牙叉骨——上光下平

黄萝卜捣蒜——没当个锤锤子

础子碰着碌碡上——实打实（石打石）

要饭的丢了棍——还看狗的脸势呢

和尚住店——没事（寺）

提上碌碡打月亮——摸不着高低，掂不来轻重

牛皮胡灯笼——里黑外不明

寿星爷骑狗——没路（鹿）

狗咬石匠——寻着挨凿（cān）呢

屎爬牛滚着马路上——强装的小卧车

老鼠钻到风匣里——两头子受气

收工（2010 年）　　柳锐卿　摄

名人与名村

梁堡历史悠久，人杰地灵。明清时期，刘氏、梁氏家族崇文尚武、精于医术，科甲联翩，先后多人考取贡生、武举，名噪一时，影响深远。清康熙皇帝曾夜宿古城堡“世德堂”，地下党革命者陈添祥曾在梁堡村从事革命活动，著名导演刘苗苗曾以梁堡古城堡场景拍摄电影《杂嘴子》。梁堡村后人秉承刘氏、梁氏崇文尚武、探究医术之风，名人荟萃，声名远扬。抗日战争、解放战争时期，梁堡男儿踊跃参战，抗美援朝、和平建设时期广大青年保家卫国，献身国防，建功立业。1977 年恢复高考制度后，梁堡莘莘学子出类拔萃，高中登榜者甚多。村医辈出，服务周到。

梁堡，清康熙皇帝留宿处，地下党员陈添祥从事革命活动地，著名导演刘苗苗拍摄电影场所。

◉ 人物传略

梁国英（1899—1956） 1919年毕业于平凉师范学校。在梁堡开办私塾，后任教于梁堡小学。一生好学，攻读经史。教书育人，正直无私。传仁德于四邻，扶桃李于桑梓。

刘均（1915—1992） 读过五年私塾，在药铺当伙计时，学习中医，积累验方、偏方。解放后，回村里当乡村保健员。中西医结合，土洋并用。不论白天黑夜，还是刮风下雨，从不推辞，及时出诊，热情服务，为乡里的医疗事业作出了贡献。

薛喜梅（1916—1987） 女，从小跟随母亲学医，擅长儿科、针灸。常用验方治疗小儿风症，如“四六风”“撮口风”“心风”“背折风”“穿肠风”等。她能在小儿出生10天内，用拔取“风毛”的方法祛风，预防小儿风症。可用刮痧的方法使人终生不患阑尾炎 。无偿服务于乡里，随叫随到，和蔼可亲。治疗方法简便，疗效显著，在梁堡及周边村庄享有美誉。

梁海（1924—2005） 1941年安东高小毕业，曾在超农乡公所当过义警、递步哨。新中国成立后，先后担任过梁堡乡文书、县粮食局会计、巩龙区公所文书、农山区公所干部和梁堡乡人委会会计辅导员。1955 年“肃反”运动中回家，参加农业生产。

梁西栋（1924—2015） 1951 年参加中国人民志愿军，参加过抗美援朝战争，1952 年复员。他关心集体，乐于助人，曾担任梁堡二队生产队长、大队民兵营长。

梁福荣（1925—1988） 1944 年应征入伍，参加青年远征军。1945 年 12 月至 1946 年 5 月入军校，接受陆军预备干部教育，获“适任陆军步兵少尉预备军官”证书。1948 年随军到台湾。后服役于金门，任团长。1956 年参加“青年归主国际协会圣经研究函授学校”函授学习。1957 年起，长期服务于“中华工程股份有限公司”。1985 年 3 月退休。1985 年、1986 年两次经香港回故里探亲、祭祖，受到区、县有关部门的热情接待。

柳德隆（1927—2014） 1950 年 6 月毕业于固原师范。1950 年 8 月在农山八乡当教员。1951 年 9 月至 1952 年 7 月在县人民法庭工作。1952 年 7 月至 1955 年 8 月在屯树区任文教干事、文书。1955 年 9 月至 1960 年 7 月在隆德县检察院工作，曾任副检察长。1960 年 2 月在北京中央政法干校学习。1961 年 2 月至 1966 年 2 月任县文教卫生部部长、文卫科副科长。1966 年 4 月至 1973 年 9 月在大庄公社任社长、副书记。1973 年 10 月至 1975 年任桃园公社书记。1976 年起任县物资局局长、书记至退休。1978 年获“全国物资系统先进工作者”称号。

梁庭栋（1927—2002） 1946 年毕业于平凉柳湖师范学校，在泾源县当教员。1948 年在固原张易堡盘龙坡等地当教员。1949 年有短暂当兵的经历。1954 年起在奠安公社供销社工作，1958 年回家务农。青少年就读于山河镇高小、平凉柳湖师范。新中国成立后被录用为奠安乡（人民公社）公职人员，曾担任奠安公社农业基本建设队总会计、社队企业会计、梁堡生产大队会计。一生治学严谨，通读《四书五经》、古籍名著。秉持传统家风，教育子女严格，子女、孙辈中多人学业有成。

刘谦（1928—2002） 中共党员。1956 年 6 月至 1957 年 5 月任梁堡乡支部副书记，1959 年 8 月至 1961 年 3 月任苏台（卫星）公社副书记、书记。1961 年随生产单位下放，任梁堡大队党支部书记、副书记。

董福寿（1931—2008） 1949 年 5 月毕业于平凉柳湖师范学校，1948 年 8 月参加革命工作，曾任原安区青年干事、隆德法院书记员、供销社会计、工交局会计等。1952 年 4 月至 1953 年在兰州司法学校学习，1957 年 9 月至 1958 年 5 月在兰州工业干部学校学习。

1960 年下放回乡参加农业生产，1980 年落实政策平反，任凤岭乡农业干事。1983 年 7 月离休。

梁嵋（1932—2015） 原名梁宝珍，1949 年 6 月毕业于山河高小，在梁堡小学任教。1954 年 8 月参加工作。1956 年 6 月加入中国共产党。1954 年至 1958 年任朱塬乡、苏台乡文书，1958 年起任隆德县人委办公室档案员、会计、出纳，1969 年至 1978 年任民政局会计。1983 年 8 月退休。

梁德（1934—2007） 1956 年 9 月参加中国人民志愿军，在部队抢险救灾中，受宁夏军区司令部政治部嘉奖一次。1960 年参加工作，曾任奠安公社、杨河公社副社长。1984 年 6 月退休。

梁仑（1935—2012） 中共党员。1955 年毕业于平凉师范，在固原县彭堡、开城、蒿店等地任小学教师，1973 年 4 月调回隆德县，任沙塘董庄小学教师。1974 年 8 月任隆德县文化馆会计。1975 年任农业局会计、出纳。1980 年 9 月参加由农业部举办的全国农村人民公社经营管理干部训练班学习。1981 年 9 月至 1987 年 7 月，任财政局农业财务会计、股长。1987 年 2 月出席宁夏回族自治区财税系统先进工作者代表大会，被评为先进工作者。1989 年在宁夏回族自治区税收财务物价大检查工作中，被评为先进个人。

梁占海（1936—2013） 1951 年参加中国人民解放军，参加过抗美援朝战争，1953 年复员。

梁俊（1942—1992 ） 1961 年毕业于岳堡中学。自 1962 年起担任梁堡小学民办教师 30 年，辛勤耕耘，刻苦努力，曾一个人担任三个年级复式班的教学任务。一生热心于梁堡村的文艺、体育活动。

梁永恒（1942—2014） 副编审、高级政工师。中国近现代史史料学学会理事。1965 年 7 月毕业于宁夏大学数学系（本科）。1965 年 8 月至 1966 年 12 月在平罗、西吉两县搞农村“点上四清”；1978—1987 年在隆德县山河中学、隆德县第二中中学先后任教员、副校长、校长。1984—1987 年在固原地区民族师范学校任教。1987 年 7 月调固原地委党史研究室工作。在中学任教 1979—1983 三学年度高三政治课期间，所带毕业生参加全国高考统招（含全区高中、中专）单科分数连年获隆德全县第一名。调入党史研究部门后，出版合著《海固回民起义与回民骑兵团》《中国共产党固原地区历史大事记（1932~1992）》（计 56 万字，均由宁夏人民出版社出版），独立编著《西海固回族自治区的成立与演变》(8万字，内部发行)，论文26篇，格律诗7首，新诗1首。1999年10月获宁夏回族自治区“职工读书自学活动积极分子”荣誉称号。1996年分别获得《检察日报》《参考消息》两报“优秀读者”荣誉称号。专著获中国近现代史史料学学会三等奖，论文《李友录为革命事业奋斗一生》获二等奖，《艾青山小传》等5篇论文获省(部)级征文奖，并有1篇被收藏汇展。

梁涛(1945—2015) 1966年毕业于宁夏农业机械化学校后分配到奠安乡农机站工作。1972年调隆德县农机局工作。1977年起在隆德县公路管理段工作，获工程师职称。

梁书(1945—1997) 1965年2月结业于宁夏(永宁)农校中兽医训练班后，到奠安兽医站工作。1970年精简回生产队进行半农半医，1971—1979年在隆德县食品公司做兽医卫检工作，期间进修于甘肃农业大学兽医系，结业以后在联才、桃山、奠安兽医站工作。

名人与梁堡

康熙夜宿世德堂 梁堡古城堡北面有一座四合院叫世德堂，是明代风格的古建筑。临街两间门面房开药铺，中间过堂是大门厅。进门厅是照壁，绕过照壁，左右是东西厢房。北面是上房，当地人俗称“锁子厅”。当年，清朝康熙皇帝微服私访时，曾在世德堂住了一宿。主仆二人来到城堡，叫开了城门，叩开了刘家世德堂的大门。主仆二人受到房东家的热情款待，并安排他们住在上房“锁子厅”。

第二天一大早，主仆二人告别房东上路了。送行的人们只知道是投宿的商客，哪里知道这就是贤明君主康熙爷。

过了些许时日，当地州县衙门官员在锣鼓声的簇拥下，送来了一对钟鼓架、一个挂钟、一个挂鼓，是赐给世德堂的。朝钟暮鼓，意在劝诫向善，促进修行，当勤精进，象征和平吉祥。同时，官员还带来了康熙爷的口谕，免征梁堡三年赋税。

可惜，“文化大革命”“破四旧”时，皇帝所赐的钟鼓架等都遭破坏，荡然无存。

陈添祥在梁堡村的革命活动 陈添祥(1915—1993)，甘肃镇原县沟圈陈庄人。他是隆德地下党员第一人，是隆德第一个红色党小组的发起者、组织者和领导人。

1943年，陈添祥去中央党校学习，担任中央党校第五部学员党支委员。

1945 年 10 月，陈添祥以特派员身份到隆德、庄浪、静宁开展党的地下活动。陈添祥接收任务后，先后化名刘治华、陈兴荣，装扮成“货郎客”，一路上巧通路卡，翻越六盘，来到隆、庄、静三县交叉地隆德县山河镇李家沟，以此为基地开展工作。先后发展李炳焯、李尧、谢殿中、李凤钦为党员。他们之间单线联系，采取亲戚串亲戚和朋友联朋友的方式，逐年发展，不断壮大地下党员队伍。

向梁堡的老人问起“陈添祥”并不知晓，但一提起“陈货郎”，却耳熟能详。因为他态度和蔼，童叟无欺，价格又便宜、公道，遇着缺钱的买家，可以赊货，还从不讨账。他爱和村子里的年轻人交谈，爱打听保长、甲长的事。

抗日战争胜利后，“陈货郎”经常往来于附近村庄。他来梁堡，就住在保长刘万续家。刘家是以前富户，临堡子街面有店铺，经常人来人往的，陈货郎住在这里，不会引起太多的注意。渐渐地，一些年轻人爱找他聊天。感觉时机成熟，他就给他们讲在外面的见闻。虽没有明确地讲“革命”，但包含的道理深入人心。

1949 年 4 月，甘肃工委派往隆德工作的一名同志被国民党逮捕同时受牵连被捕的地下工作者安可礼及进步群众等 9 人，被押往兰州惨遭杀害。国民党不断制造白色恐怖，搜捕镇压进步人士，迫使陈添祥放弃了在梁堡发展党小组的计划。

1949 年春，阵添祥去平东工委汇报工作，工委书记张可夫交给陈《约法八章》，《四十三名战犯名单》等铅印传单和毛泽东在 1949 年为新华社写的新年献词《将革命进行到底》等宣传材料，陈返回李家沟。5 月，根据平东工委的指示，向各村地下党员布置了工作。

至 1949 年 8 月 3 日隆德解放，陈添祥在李家沟共发展正式党员 20 名、候补党员 3 名，由于当时工委决定，地下党的联系方法只能单线联系，不能发生横向关系，因此没有建立党的支部。

新中国成立后，陈添祥任庄浪县委组织部部长，县委副书记、书记。1957 年代职在西北党校学习。1958 年任泾川县委书记，后任庆阳地区贫协主任，1983 年离休。1993 年逝世，享年 79 岁。

刘苗苗在梁堡村拍电影《杂嘴子》 刘苗苗，中国电影女导演，1962 年生于宁夏银川。1992 年，刘苗苗以梁堡古城堡及梁堡村民生活为吉祥村背景，以梁堡村民为群众演员，执导拍摄了影片《杂嘴子》。作为刘苗苗创作历程新高度的标志，通过西北农村一个家庭的变故，电影《杂嘴子》融进了亲情、爱情、死亡、失落及儿童的独有心事。1993 年上映后，电影夺得了第 50 届意大利威尼斯电影节“国会议长”金奖。

影片中的吉祥村主要就是围绕梁堡村的宋代古城堡取景的，多名村民在片中充当了群众演员。古城堡门上方“吉祥”二字，就是当时拍电影时刻下的。

秋韵（2016 年）

大事纪略

梁堡，从 4500 年前的新石器时代，到今天的社会主义新农村建设，逐步发展成为全国乡村旅游富民工程传统村落，是生活在这里的一代代人用心血铸就。在漫漫岁月的历史长河中，梁堡发生的事情繁若星辰，不胜枚举。以下略述一二，以补前事记述之不足。

◉ 2012 年梁堡村入选第一批中国传统村落名录

2012 年 4 月，按照住房城乡建设部、文化部、国家文物局、财政部《关于开展传统村落调查的通知》要求，按照村落选址具有传统特色和地方代表性，反映特定历史文化背景，村落格局鲜明体现有代表性的传统文化，鲜明传统生产方式，非物质文化遗产活态传承良好等评选标准，隆德县委、县政府对梁堡村进行申报。2012 年 7 月，宁夏回族自治区住房与建设厅、宁夏回族自治区建设设计院、宁夏回族自治区文化厅、宁夏回族自治区财政厅组织专业人员对申报情况进行检查验收。2012 年 12 月，经传统村落保护和发展专家委员会评议认定，住房城乡建设部、文化部、财政部将梁堡村列入第一批中国传统村落名录。

◉ 2014 年梁堡村被列入全国乡村旅游富民工程

2014 年 11 月，梁堡村被国家发改委、国家旅游局、环境保护部、住房城乡建设部、农业部、国家林业局、国务院扶贫办七部委列入全国乡村旅游富民工程。从 2015 年开始，由中央统筹、地方负责，整合资金支持梁堡村村景区开发，扶持旅游业发展。

附录

◉ 家谱

国修史，方编志，家纂谱。此乃华夏民族正得失，成孝敬，厚人伦，美教化，易风俗，弘扬祖先美德的优良传统。梁堡村董、刘、柴、梁、柳几个姓氏，在20世纪60年代以前都纂有家谱，而且都为抄本，但在“文化大革命”期间，刘、柴、梁、柳姓氏家谱都被烧毁，只有董氏家谱保存了下来。20世纪80年代以后，梁氏、柳氏重新纂了家谱。这些家谱作为梁堡村宗族文化的重要载体，蕴藏着大量有关人口学、社会学、民族学、经济学、人物传记、宗族制度以及地方史的珍贵资料。

《董氏家谱》 董氏家族的族谱是目前梁堡村延续时间最长、内容最丰富、谱系较完整的族谱。封面题签“皇清董氏历代家谱编纂”，共四卷。家谱修成于1955年3月5日。由前甘肃省庄浪县维新镇中心学校校长阎汝霖撰文，前宁夏固原同仁中心学校教员阎青明书写，前陇东观察司署教育科长郑濬作序。

修家谱序文中记载：董氏先世居陕西岐山八蜡庙后，分支迁今甘肃庄浪县水洛镇董家湾后，又分迁至隆德县梁家堡，之后又一支迁徙隆德县城东门

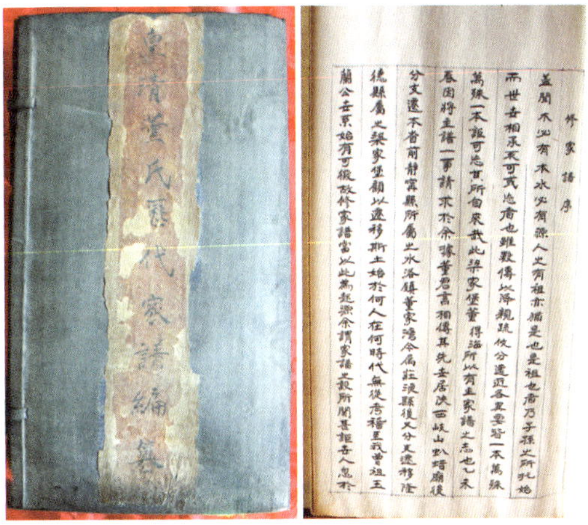

《董氏家谱》（2016 年）

外。何人何时代迁徙，无从考稽。据族人相传，现在梁堡的董、柴、刘、梁、柳几大姓氏中，董姓最早。截至 2016 年，家谱记载有七辈人，本族 40 口人。

家谱内容，卷一包括世系序一、世系序二、世系叙、五世图考、十则例、大宗小宗序、大宗小宗图、世系图八部分；卷二包括修家谱序、董氏家谱序、家谱叙、谱辩讳说、主图五部分；卷三包括茔图叙、寿墓序、茔墓图注、丧服总图、本宗九族丧服图、妻为夫族服图、亲属降服图、三父八母图、茔墓图九部分；卷四包括内外传序、内外传、家谱训序（附训言）、家谱赞四部分。

家谱卷一中收录的《十则例》为清代庄浪“五进士”之一赵贡玉所撰，详细列举了家谱修谱规定。

《梁氏家谱》 场窑儿老辈子《梁氏家谱》共四卷。《族记》，梁氏先祖陕西省岐山县

场窑儿老辈子《梁氏家谱》（2016 年）

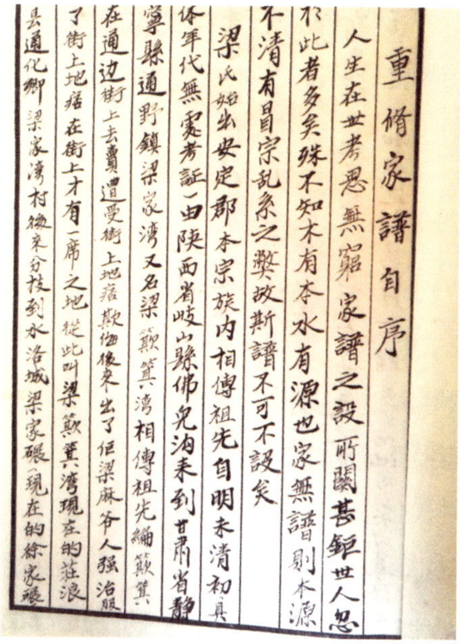
重修家譜自序

人生在世孝思無窮家譜之設所關甚鉅世人忽於此者多矣殊不知木有本水有源也家無譜則本源不清有昌宗亂系之弊故斯譜不可不設矣

梁氏始出安定郡本宗族内相傳祖先自明末清初具体年代無處考証）由陕西省岐山縣佛兒溝来到甘肃省静寧縣通野鎮梁家灣又名梁簸箕灣相傳祖先編簸箕在通边街上去賣遭受街上地痞欺侮後来出了個梁麻爷人强治服了街上地痞在街上才有一席之地從此叫梁簸箕灣現在的莊浪县通化鄉梁家灣村後来分枝到水洛城梁家碾現在的徐家碾

中辈梁氏一族《重修家谱自序》（2016 年）

圪崂里梁氏《梁先祖宗亲家谱》（2016 年）

佛儿沟，自明朝时来到甘肃省隆德县新集岳石堡黄蒿湾居住，后又迁居隆德东峡村，数迁来到隆德县奠安乡梁堡村。

族谱从大房门后裔维山公为世系之祖，于今记载五辈人。

张森撰文，刘俊祥书写。

中辈梁氏一族《重修家谱自序》，本宗族内相传，祖先自明末清初（具体年代无处考证），由陕西省岐山县佛儿沟来到甘肃省静宁县通野镇梁家湾（又名梁簸箕湾），后来分支到水洛城梁家碾，再来到隆德县梁家堡子居住。

圪崂里梁氏《梁先祖宗亲家谱》，有“自序”“修家谱序”“神主”三部分。1990 年编纂，梁庭栋撰文，梁海自序。序文中叙述，梁先祖原居之地查找不清，据后代先祖遗言，原以陕西省岐山县佛儿沟为老居之地。

《柳氏家谱》《柳氏家族谱序辑》共两卷，柳德隆自述，张政芳校正，成谱于 1986 年 5 月。

第一卷内容为家谱赞、家谱序、家谱例义、家谱世系图编言、墓志图考、主位、家训纪要、恭颂帐文。

第二卷内容为马益堡原纂三代家谱、丧服总图、本宗九族丧服图、出嫁女为本宗降服图、为人后者为本亲属降服图、妻为家长族内服图、外亲服图、先祖乔迁外出等大事记录。

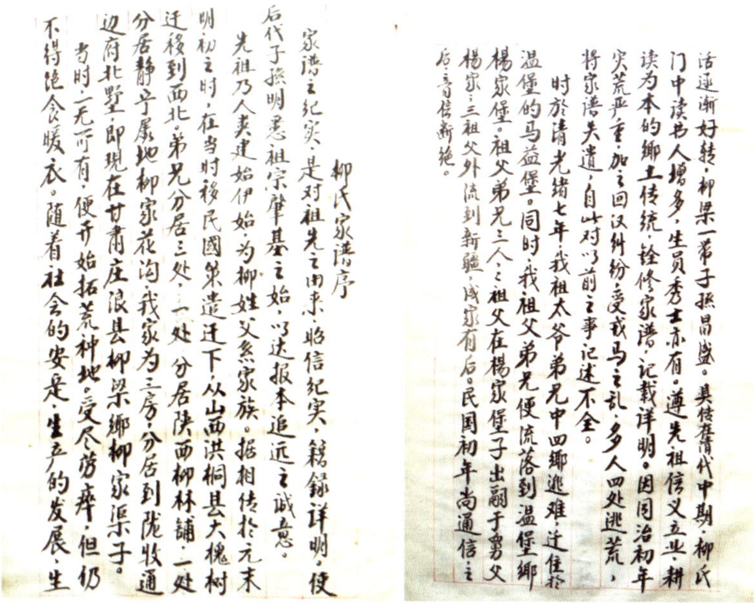
柳氏家谱序

家谱之纪实，是对祖先之由来，凭信纪实，籍録详明，使后代子孙明悉祖宗肇基之始，以达报本追远之诚意。

先祖乃人类建始伊始，为柳姓父系家族。据相传，于元末明初之时，在当时移民國策遣迁下，从山西洪桐县大槐树迁移到西北。弟兄分居三处，一处分居陕西柳林铺，一处分居静宁康地柳家花沟，我家为三房，分居到陇牧通边府北墅，即现在甘肃庄浪县柳梁乡柳家渠子。

当时一无所有，便开始拓荒种地，受尽劳痒，但仍不得饱食暖衣。随着社会的安定，生产的发展，生活逐渐好转，柳梁一带子孙昌盛。具传在清代中期，柳氏门中读书人增多，生员秀士亦有。遵先祖信义立业，耕读为本的乡土传统，拴修家谱，记载详明。因同治初年灾荒严重，加之回汉纠纷，受战马之乱，多人四处逃荒，将家谱失遗，自此对以前之事记述不全。

时於清光绪七年，我祖太爷弟兄中四乡逃难，迁住於温堡的马益堡。同时，我祖父弟兄便流落到温堡乡楊家堡。祖父弟兄三人，二祖父在楊家堡子出嗣于舅父楊家，三祖父外流到新疆，成家有后。民国初年尚通信，之后，音信渐绝。

《柳氏家谱序》（2016 年）

《柳氏家谱序》载：“据相传，于元末明初之时，在当时移民国策遣迁下，从山西洪洞县大槐树迁移到西北。”

◉ 家训

家训是中华民族传统文化的重要组成部分，在家庭中对个人的修身、齐家发挥着重要的作用。人类社会经历了氏族、家族、家庭的变迁，家规家训对子孙立身处世、持家治业的教诲起到不可估量的积极作用。

梁堡村保存下来的家谱记录的家训主要有董氏家谱训、柳氏家训纪要等。

董氏家谱训

行孝　劝后人快行孝。孝为百行原，人人当知晓。蓼莪雅章应勤读，孝经古训须遵照。黄香能温席，闵子全孝道；曾参养志真绝妙，舜耕历山仰天号。此等人都当效。

尽悌　劝后人快尽悌。世间最难得，莫如兄与弟。花萼相辉唐楼额，棠棣竟芳毛诗题。子建感兄语，煮豆燃豆萁。宋君爱弟灼艾叶，李绩养姊烧须眉。此等人牢牢记。

尽忠　劝后人都尽忠。爱国如爱家，责任特别重。威武不屈法天祥，鞠躬尽瘁效孔明。只知有祖国，全不惧牺牲。谨遵孙君中山语，仍须努力倡革命。此等人须尊崇。

守信 劝后人恪守信。常出诚实语，切勿欺哄人。信近于义言可复，无轨无輗须戒慎。季布千斤诺，吾人应当尊。巨卿践约人人夸，桃园结义个个钦。此等人都当尊。

守礼 劝后人快守礼。礼为吾之门，出入不可离。曲礼一部应勤读，大小仪节须牢记。与奢莫如俭，与易毋宁戚。周朝孔子定礼乐，西汉叔孙作朝仪。此等人都当依。

尚义 劝后人速尚义。凡百事之宜勇为，勿自弃，喻义真，有君子，度配义。养成浩然气，谨遵孟子语。舍生而取义，夷齐不食周家粟，宋君弗降北方敌。此等人都当记。

养廉 劝后人快养廉。廉之风声远，顽夫闻则变。原宪辞粟自古稀，杨震却金于今罕。明朝王与刘，拾金仍归还。伊尹一介不取人，子陵业钓不做官。此等人都当羡。

知耻 劝后人当知耻。常怀羞恶心，莫令人背指。勿为机变乖巧事，应存深夜平旦气。蹴与乞不受，临死休忘耻。晏子之御被妻责，象傲尚有忸怩时。此等人都当鄙。

柳氏家训纪要 柳氏祖先，源远流长，概论其理，人所共详。全国各地，柳姓同宗，肇自建姓，史册注明。天下柳氏，同姓不婚，人所共知，个个遵行。元末明初，强迫移民，遣迁陇牧，相传其真。口传为碑，家谱无存。明清中叶，人口繁增。柳梁一代，颇有声名；柳家渠子，处处书声；成名秀才，颇为有名；铨有宗谱，记载详明。同治兵燹，家谱无存。窃我先祖，老实公民，历朝累代，安守本份；为人后者，尊祖教训；令修家谱，纪要附存；嘉言如下，后代听从：

祖宗虽远，祭祀当诚；祖先德行，永远留存；优良传统，世代继承；勤俭持家，以农为本；读书明理，好学发奋；秉公廉洁，处事公正；待人诚信，处世和平；恶事莫做，善事当行；忍让为重，切莫作凶；坏事抵制，决不放松；和睦弟兄，敬奉宗亲；抚育儿女，加强教训；恶习不染，品行端正；夫妻互勉，严肃家风；财务公开，支付分明；为人若此，则为公民；上述家训，永为遵行。

◉ 主要参考文献

1. 民国《重修隆德县志》。

2. 静宁县志编纂委员会编 :《静宁县志》，甘肃人民出版社，1993 年。

3. 隆德县志编纂委员会编 :《隆德县志》，宁夏人民出版社，1998 年。

◉ 编纂始末

梁堡，一个延续千年历史的传统古村落，民风淳朴，崇文尚教，村民耕读传家，勤劳善良。2012 年，被列入第一批中国传统村落名录。2014 年，被列入全国乡村旅游富民工程。

廪丰兴教，盛世修志。2016 年 11 月，中国地方志指导小组办公室（以下简称中指办）为全面贯彻习近平总书记、李克强总理、刘延东副总理关于地方志工作的重要指示精神，落实国务院办公厅印发的《全国地方志事业发展规划纲要（2015 — 2020 年）》，印发《中国名村志文化工程实施方案》，启动中国名村志文化工程。为保护抢救、传承保存、开发利用宝贵的村落文化，编纂、出版中国名村志丛书，以集中系统整理和揭示中国名村历史文化精髓，传承名村文脉。梁堡村有幸列入第一批中国名村志丛书编纂计划。

2016 年 10 月 31 日，宁夏回族自治区地方志办公室主任贠有强与王晓华、梁喜太三人参加在安徽省宣城市绩溪县召开的全国名村志文化工程启动会，并接受培训。

2017 年 3 月初，按照中指办统一安排和自治区地方志编纂委员会办公室要求，经隆德县人民政府同意，由隆德县档案局（方志办）承担了梁堡村中国名村志编纂工作。隆德县委、县政府分管领导杨俊宏、周建设高度重视和支持，县教育体育局董玉科、奠安乡人民政府胡耀军两位同志积极协助，梁堡村广大村民热情支持，成立了《梁堡村志》编纂办公室，制定了详细的编写方案，梁喜太任主编，杨七斤为总纂。由杨七斤、董双信、柳锐卿、梁喜太承担村志编写工作，杨斌承担图片的搜集和拍摄工作。

3 月 8 日，县档案局副局长马建红、《梁堡村志》总纂杨七斤赴上海市金山区参加“中国名村志文化工程篇目论证会暨编纂业务培训班”。培训会上，中指办主任冀祥德作了热情洋溢的动员讲话，方志出版社副总编辑李江、江苏省地方志办公室陈华、中指办陈旭、苏州市地方志办公室傅强等专家对中国名村志编纂工作从资料搜集、立章设目、行文规范等方方面面，既高屋建瓴又细致周详地进行了培训指导。篇目论证会上，昆山市地方志办公室徐秋明专家就《梁堡村志》基本篇目设立情况提出了宝贵的修改意见。3月17日，又将《梁堡村志》篇目修改稿上报中指办，初审稿将字数控制在30万字之内，设定了章节内容。自治区方志办贠有强主任十分重视《梁堡村志》的编纂工作，在人员配备、编纂等细节方面做了指导要求。负责联络的自治区方志办王晓华也做了大量的协调联络工作。

从3月17日之后，编纂成员立刻进入紧张有序的工作。按照中指办的要求，在7月31日前要将送审稿报送中指办方志处。在四个多月的时间内，要完成这么艰巨的任务。虽然难度很大，但编辑部觉得修志是一项利于当代、惠及后人的事业，十分有意义。编纂人员投入紧张的工作，深入村民家中，走访采集、阅读搜寻、查找档案、拍摄照片、埋头撰稿、加班加点，在6月下旬终于完成了近30万字的初稿。6月23日，呈交自治区方志办，由区方志办贠有强、王晓华两位专家审定。

7月11日，编纂办公室将初稿、图片的打印稿与电子稿分别交付自治区方志办上交中指办，经中指办专家审阅，《梁堡村志》顺利通过终审。9月11日，编纂人员根据中指办专家提出的修改意见逐条进行第一轮修改，认真细致地校对。9月22日，上报中指办。9月27日，按照中指办专家要求逐条进行第二轮修改，再度认真校对。10月6日，上报中指办。10月16日，按照方志出版社要求进行第三轮修改。10月20日，上报方志出版社，力求使本志稿能以更加完美的形象问世。

本志为了反映历史延续性，通贯古今，故上不设限，下限至2016年年底。记述地域范围以2016年梁堡村辖区为主，如实记载历史变迁。本志资料除全村村民提供外，还有的资料取自县、乡的档案、图书数据。

编　者

2017年10月

自南向西梁堡村景